골프, 마음의 게임

골프, 마음의 게임

제1판 제1쇄 발행 2016년 1월 5일

지은이 이종철
펴낸이 임용훈

마케팅 양총희, 오미경
편집 전민호
용지 정림지류
인쇄 현대인쇄공사
표지인쇄 예일정판
제본 동신제책사

펴낸곳 예문당
출판등록 1978년 1월 3일 제305-1978-000001호
주소 서울시 동대문구 답십리2동 16-4(한천로 11길 12)
전화 02-2243-4333~4 **팩스** 02-2243-4335
이메일 master@yemundang.com
블로그 www.yemundang.com
페이스북 www.facebook.com/yemundang
트위터 @yemundang

ISBN 978-89-7001-656-6 03690

＊ 이 도서의 국립중앙도서관 출판시도서목록(CIP)은 e-CIP홈페이지(http://www.nl.go.kr/ecip)와 국가자료
공동목록시스템(http://www.nl.go.kr/kolisnet)에서 이용하실 수 있습니다.(CIP제어번호:CIP2015033578)

KPGA 이종철 프로의 골프심리학

골프, 마음의 게임

이종철 지음

예문당

CONTENTS

추천의 글 … 8
프롤로그 … 14

 PART 01 마음 공부

나도 모르는 나의 마음
무의식에 자리 잡은 패배의식 … 25
패배의식도 가지가지 … 30
우승 마인드 … 35
골프선수에게 심리상담 및 멘탈 코칭이 필요한 이유 … 39
마음을 보는 기술 … 43
선수가 될 것도 아닌 아마추어 골퍼 … 46

'나'를 존중하는 마음(자존감)
'나'에 대한 고민 … 51
'자존감'이란 무엇인가? … 54
자존감과 자신감의 관계 … 61
자존감과 자존심의 관계 … 67
소중한 나, 가치 있는 나 … 71

내 안의 나! 진정한 나를 찾아서
감정의 발산이 '나'를 만든다 … 77
'싫다'는 말을 왜 못하는가? … 82
골프장에서의 내 권리 … 91
'나'를 비참하게 만드는 비교심리 … 94
골프선수의 길, 진정 원하는 일인가? … 96
불안의 안전구역 '집착' … 101
스스로 그러한 삶을 살자 … 104

PART
02 흥망을 결정짓는 두 갈래 길

Double A-P 시스템(분석-불안-집착)

골프와 노래 … 111

망하는 길 'Double A-P 시스템' … 115

쥐가 쥐약을 왜 먹는지 아는가? … 120

불안하면 '될 대로 돼라!' … 128

완벽을 꿈꾸는 집착 … 134

'Double A-P 시스템'에서 나오는 부정마인드 … 142

비디오 스윙분석 시스템, 잘 쓰면 약! 못 쓰면 독! … 147

I-double C 시스템(본능-집중-자신감)

골프심리의 결정판 'I-double C 시스템' … 153

골프는 감(感)이 전부다 … 159

또 하나의 감(感), 조준 … 167

집중의 메커니즘 … 170

자신감의 원천은 너무 쉽기 때문이다 … 180

'I-double C 시스템'에서 나오는 긍정마인드 … 185

PART 03 종이 한 장 차이의 생각

만병의 근원 '욕심'
'눈에 보이는 욕심'과 '눈에 보이지 않는 욕심' … 193
더 잘하려고 하는 마음 … 204
골프만이 인생의 전부는 아니다 … 213
절실함이 가득한 골프 … 218
성적에 집착하는 골프 … 222
우승자 '악동뮤지션' … 227

더 나은 게임을 위한 심리전
통제 가능한 일과 불가능한 일 … 235
악조건은 나에게 유리하다 … 238
골프를 즐기고 있는가? … 242
마음의 휴식이 필요하다 … 247
연습량에 대한 고찰 … 253
지피지기 백전불태(知彼知己 百戰不殆) … 264
롱게임과 쇼트게임의 심리 … 268
한국오픈을 동네게임으로 … 272
게임에서의 단호한 마음 … 276

PART
04

골프선수를 자녀로 둔
학부모님께 드리는 고언

골프 입문에 신중하라 … 282

아이의 자존감이 우선이다 … 285

선무당이 사람 잡는다 … 288

아이의 선택을 존중하라 … 290

풍족한 환경은 자칫 해(害)가 될 수 있다 … 294

골프선수 이전에 인간을 만들어야 한다 … 298

골프만 칠 줄 아는 바보로 만들 것인가? … 301

에필로그 … 304

2014년 4월, 대회 마지막 날. 나는 18번 그린에 올랐다. 이제 마지막 버디 퍼팅을 남기고 있었다. 당시 태국의 오나린 사타야 선수와 9언더 파로 공동선두였다. 그린에 오르자 수많은 갤러리들이 시야에 들어왔다. 이것만 넣으면 우승할 수 있다는 생각이 잠시 스쳐지나갔지만, '지금 내가 해야 할 일은 나에게 주어진 퍼팅뿐이다.' 오로지 이 생각으로 현재에만 집중하려 애썼다. 그리고 공 뒤에 앉아 공이 굴러가는 모습을 머릿속에 그리기 시작했다. 홀인되는 장면을 자꾸자꾸 상상했다. 그러고는 스스로를 응원하기 시작했다.

'에스더! 잘할 수 있어! 멋지게 해낼 수 있어! 너의 느낌만 믿으면 공은 들어간다! 보이는 대로 치자! 생각한 대로 들어갈 거야!'

내리막에 슬라이스 경사가 심했기 때문에 나는 왼쪽으로 다섯 걸음 정도를 조준했다. 거리는 7~8m 정도였지만 쉽지 않은 경사였다. 하지만 나는 그 어느 때보다 나를 신뢰했다. 내가 본 것이 틀림없고 본 대로 치기만 하면 들어갈 것이라는 믿음을 가졌다. 드디어 공은 퍼터를 떠나 움직이기 시작했다. 나의 두 눈이 그렇게 공을 따라가는 동안, 문득 떠올랐다. 일본에 건너와 무려 14번째 챔피언 조에서 경기를 치루고 있다는 사실이…….

내가 일본에 건너온 지도 벌써 8년째다. 그동안 우승 한 번 없이 준우승만 세 번을 했다. 비록 우승 경력은 없었지만 그럼에도 일본에서는 꾸준한 성적을 내는 선수로 알려져 있다. 이곳에서 시즌 막바지에 열리는 〈리코 챔피언십〉이라는 대회가 있다. 이 대회는 당해 우승자와 상금랭킹 25위 이내의 선수만 출전할 수 있는 시합이다. 일본여자골프투어에서 좀 한다는 선수들만 나오는 대회인 것이다. 2013년 대회에서 해설자는 나를 이렇게 소개했다. "우승 한 번 없이 이 대회에 가장 많이 출전한 이 에스더 선수입니다. 올 시즌 톱10에만 7번 들어간 선수입니다." 해설자가 선수를 소개할 때는 보통 우승 경력을 언급하기 마련인데 우승이 없는 나는 늘 이런 식으로 소개되어진다. 칭찬을 하는 것인지, 조롱을 하는 것인지 그저 그냥 아프기만 했다.

나의 골프는 마치 해변의 모래성과도 같았다. 멋지고 높게 쌓아올린 듯해도 바닷물이 지나가고 나면 감쪽같이 사라져버렸다. 목표는 눈앞에 보이지만 잡히지는 않았고, 다 잡은 듯하다가도 번번이 물거품이 되어버렸다. 챔피언 조에 들어서기만 하면 나는 마치 다른 사람이 되어버린 것처럼 평소와 다른 플레이를 하곤 했다. 뭔지 모를 불안과 떨림 속에 마음의 부담을 이기지 못한 것이다. 결국 패하고 또 패했다. 그리고 남몰래 눈물을 훔쳐야 했다. 도대체 무엇이 문제일까? 나에게 우승은 그토록 이루어질 수 없는 일이었던가? 그렇게 패배의 쓴잔을 마시고 나면 나는 언제나 멈추지 않는 연습으로 다시금 스스로를 채찍질하기 시작했다. 골프를 누구보다도 좋아하고 누구보다도 열심히 했다. 하지만 뭔지 모를 목마름과 함께 마음의 상처는 점점 깊어갔다.

  그러던 나에게 행운이 찾아왔다. 캐디인 동생이 어디선가 책을 한권 받아온 것이다. 지금에서야 느끼고 있지만 이 일은 나에게 정말 큰행운이었다. 나는 '자신감'을 찾고 그것을 갖기 위해 수만 가지 노력을 해왔다. 누구나 다 아는 것이었지만 결코 쉽지 않았다. 연습도 게을리 하지 않았고, 시합에도 성실하게 임했지만 뭔가 답답하고 불안한마음을 떨칠 수가 없었다. 그런데 이 책을 읽고 나는 깨달았다. 나에게있었던 '자신감'은 진짜가 아닌 '가짜 자신감'이었던 것이다. 나는 이책의 저자를 만나고 싶은 충동을 느꼈다. 그래서 2013년 시즌을 마치고 한국에 돌아와 이 책을 쓴 이종철 선생님부터 만났다.
  그 후 나는 차츰 골프가 왜 멘탈 게임인지 알아가기 시작했다. 서서히 눈을 뜨기 시작한 것이다. 골프에서 멘탈이라는 것이 중요하다고들 말하지만, 사실 그 동안에는 방법도 몰랐고 어렵고 힘들게만 느껴졌었다. 그러다 진짜 멘탈에 대해 공부하고 알아가다 보니 허탈감을 느끼지 않을 수 없었다. 왜냐하면 그 멘탈이라는 것은 결코 어렵지 않았고, 특별한 방법도 필요치 않았기 때문이다.

우선 우리가 배가 고프면 밥을 먹어야 하는 것처럼 인간의 마음에도 에너지를 줘야 한다는 사실을 알게 되었다. 그렇게 마음이 밥을 먹게 되면 엄청난 힘을 갖게 된다는 사실도 깨달았다. 이런 것들이 게임에 몰입할 수 있도록 해주었고 진정한 자신감을 갖도록 큰 힘을 주었으며, 결국 불가능을 가능하게 만들어주었다. 또한 어려운 상황에서도 용기를 잃지 않게 하였으며 여유와 즐거움도 함께 선사했다. 현재 나의 삶에서 가장 크게 변화된 것은 행복을 느끼며 투어생활을 만끽하게 되었다는 점이다. 더 기막힌 것은 그러한 삶의 행복과 더불어 시즌 성적도 최고를 달리고 있다는 사실이다. 상금랭킹 6위에 오르며 일본에 건너와 가장 좋은 성적을 기록 중이다.

나는 이제 더 큰 꿈을 가지려 한다. 이제 나는 느낄 수 있다. 그 꿈은 결코 나에게 허황된 것이 아니고 진심으로 실현 가능한 일이라는 것, 성공은 결코 어려운 것이 아니며, 내가 마음만 먹으면 뭐든 이루어질 수 있다는 사실, 이것이 내가 얻은 가장 큰 수확이다.

퍼터를 떠난 공은 곡선을 그리면서 물 흐르듯 천천히 굴러갔다. 그린을 에워싸고 있던 수많은 갤러리들이 웅성대기 시작했다. 왜 그렇게도 천천히 굴러가는지 1초가 마치 1분과도 같았다. 나는 그 순간 나의 존재도 잊은 채, 공과 하나가 되어 있음을 느꼈다. 어느 순간부터 공은 홀을 향해 꺾였고 나는 그제야 직감할 수 있었다. 공이 들어갈 수 있다는 사실을! 그렇다! 공이 들어가고 말았다!! 와우! 이것이 꿈인가 생시인가? 믿을 수가 없지만 내가 우승을 한 것이다. 드디어 내가 해냈다. 나도 모르게 두 손을 번쩍 치켜들었고 주먹을 불끈 쥐었다. 그리고 동생과 뜨거운 포옹을 하면서 기쁨을 만끽했다. 일본에 건너와 맞이한 첫 우승! 〈스튜디오 앨리스 레이디스 오픈〉, 무려 232번째 시합이었다.

골프는 정말 마음의 게임이다. 마음을 어떻게 먹느냐가 게임의 결과를 좌우한다. 눈에 보이지 않는 마음이 실수도 만들고 멋진 샷도 만들어 내는 것이다. 정말 알면 알수록 놀랍고 신기할 따름이다. 더 신기한 것은 이렇게 내 마음에 대해 알아가니 무한한 행복과 기쁨이 찾아온다는 사실이다.

투어의 현장에서는 누구 하나 우승을 꿈꾸지 않는 이가 없고, 누구 하나 성공을 바라지 않는 이가 없다. 저마다 자신의 꿈을 이루기 위해 열심히 노력하고 최선을 다하지만 시합에서 뜻대로 되지 않아 아파하는 선수들이 있다. 또한 시합 출전에 주저하기도 하고, 결국 투어를 포기하는 선수들도 있다. 나는 그들에게 이야기해주고 싶다. 스윙에 대한 고민보다는 이제는 다른 노력이 필요하다고……. 바로 마음의 게임을 권하고 싶다. 지금 손에 들고 있는 이 책의 제목처럼 말이다.

일본여자프로골프투어

이 에스더(한국명 이지현) 프로

프롤로그

한국체육대학교는 명실상부(名實相符)한 한국 스포츠의 메카로서 한국을 세계 속의 스포츠 강국으로 자리매김하는데 큰 역할을 하고 있다. 2010년 밴쿠버 동계올림픽에서는 이상화, 모태범, 이승훈 선수가 한국 빙속 사상 처음으로 금메달을 안겨주었고, 곧이어 양학선 선수는 올림픽 첫 금메달을 획득함으로써 한국 체조 역사를 새로 쓰기도 했다. 최근 소치 동계올림픽에서는 이상화 선수가 스피드스케이팅 500m에서 올림픽 2연패라는 금자탑을 쌓아올렸고, 김아랑 선수 역시 쇼트트랙에서 금메달을 따냈다. 이 밖에도 다양한 국제무대에서 수많은 메달을 쏟아내고 있으며, 지금 이 순간에도 그 날의 영광을 위해 수많은 선수들이 구슬땀을 흘리고 있다.

내가 수년 동안 지도자로 있었던 한국체대 골프부 역시 많은 선수들이 국내외 무대에서 큰 활약을 하고 있다. 특히 이경훈 선수는 광저우 아시안게임 금메달에 이어 2015년 〈한국오픈〉 우승, 일본프로골프 투어 우승 2회 등 프로무대에서 좋은 활약을 보이고 있고, 이상희 선수는 코리안투어 최연소 우승기록과 함께 코리안투어 2승 및 2012년 KPGA 대상을 수상한 바 있다. 또한 이상희 선수는 이경훈 선수에 이어 〈JGTO(일본프로골프투어) Q-School〉에서 2년 연속 수석 합격을 이어갔고, 최근 허인회 선수는 〈도신 토너먼트〉에서 4라운드 합계 28언더파를 기록하며 26언더파로 유지되었던 역대 일본프로골프투어 최다 언더파 기록을 갈아치우기도 했다. 이 밖에도 송영한 선수는 2013년 KPGA 신인왕을 수상하기도 했고, 이창우 선수는 아마추어 신분으로 1부 프로대회에서 우승을 거두는가 하면 세계 메이저 대회인 〈마스터즈〉까지 출전한 바 있다.

여자 선수로는 이 에스더(이지현), 전미정, 정연주 선수가 일본여자프로골프투어에서 큰 활약을 하고 있는데, 이 에스더 선수는 우승 1회와 준우승 3회, 전미정 선수는 우승 22회를 기록하고 있으며 재학생 정연주 선수 역시 국내 1승(한국여자오픈), 일본투어 1승을 기록하며 차세대 골프스타의 탄생을 예고하고 있다. 이외에도 많은 선수들이 아마추어 혹은 프로무대에서 한국체대의 위상을 드높이고 있으며 한국 골프의 중심으로 성장하고 있다. 이제 한국체대는 중·고등학교 아마추어 골프선수들의 열망이 되어가고 있다.

그러나 이러한 한국체대 학생들의 화려한 겉모습과는 달리 모든 선수들이 성공가도를 달리는 것은 아니다. 그들은 학교에 입학하기 전 아마추어 골프대회에서 적어도 1승 이상의 경력을 가지고 있는 선수들이다. 또한 국가상비군 내지는 국가대표를 지냈거나, 현재 국가대표로 선발되어 있는 차세대 골프 유망주들이다. 이렇게 엘리트코스를 밟아온 우수한 선수들이 프로무대에 진출할 때면 그 기대감은 당연히 커질 수밖에 없다. 하지만 그 결과는 기대와 사뭇 다르다. 프로무대에 발도 디뎌보지 못한 선수, 끝없이 추락하는 선수가 부지기수다. 몸이 부서져라 열심히 노력은 하지만 왜 그렇게 성적이 안 나는지, 왜 그렇게 예선탈락을 걱정해야 하는지 자신도 도무지 알 수 없는 골프를 하고 있다.

골프는 '멘탈(mental)', 즉 마음의 게임이다. 이것을 증명이라도 하듯 노장 골프선수들의 활약은 세계 어디서든 그 예를 찾아볼 수 있다. 한국 골프의 간판스타 최상호 프로는 2005년도 코리안투어 메이저대회인 〈매경오픈〉에서 우승을 거머쥐었는데, 그의 나이 만 50세에 해낸 일이었다. 스페인의 히메네스라는 선수는 만 48세로 2012년 유럽프로골프투어 〈UBS 홍콩오픈〉에서 우승을 차지하였고, 미국의 톰 왓슨은 2009년 〈브리티시오픈〉에서 60세의 나이로 연장전까지 가는 접전 끝에 2위로 대회를 마감하였다. 체력적으로 한계에 다다른 노장 선수들이 20대의 패기 넘치는 선수들과 겨뤄 승리한 것이다. 다른 여타의 종목들과 비교해서 생각하면 상상도 못할 일이다. 그러나 골프라는 종목에서는 가능하다. 그것은 바로 골프가 멘탈 게임이기 때문이다.

그래서 나는 우리 선수들의 멘탈 게임에 주목하였다. 나는 그들과 시시때때로 골프 멘탈에 관한 이야기를 나누면서 더 나은 게임을 위해 노력하였다. 그러나 게임의 대한 태도를 바꾸고, 생각의 변화를 갖기란 정말 쉽지 않은 일이었다. 왜냐하면 대부분의 선수들은 자기만의 골프철학이 현재의 골프 실력을 이루는 전부라는 믿음이 크게 자리 잡고 있으며, 성적 부진의 원인을 연습부족이나 기술적 문제의 결함으로 치부하는 경향이 강하기 때문이다. 또한 플레이에 관한 모든 결단을 선수 스스로 해야 하는 종목 특성도 게임에 대한 태도를 바꾸기 힘든 이유이기도 하다.

이러한 문제는 상담(멘탈코칭)을 통해 개선될 여지가 있다. 골프 본질의 근원적 접근과 동시에 자기성찰의 기회를 제공받음으로써 변화의 기회를 가질 수 있는 것이다. 그러나 상담은 결코 쉽게 이루어지지 않는다. 선수가 상담사를 신뢰하는 일, 자발적인 상담 욕구를 유발시키는 일 등은 결코 쉽지 않다. 아무리 팀의 지도자라 할지라도 내면의 대화를 이끌어 내지 못한다면 피상적 대화에 그칠 수밖에 없기 때문이다. 상담이 어려운 이유를 한마디로 이야기하자면 선수가 제 발로 찾아와 귀를 기울이는 일이 쉽지 않다는 것이다.

새 학기를 앞두고 해외전지훈련을 마친 우리 선수들이 속속 귀국했다. 그런데 어느 한 선수가 귀국하자마자 나에게 전화를 해왔다.

"선생님! 선생님이 하신 말씀이 무슨 뜻인지 이제 알 것 같아요. 빨리 찾아뵐게요."

이 선수는 코리안투어에 참가한 경력이 있지만 더 이상 시드 확보에 실패하고 3년째 재기를 갈망하는 선수이다. 오랜 시간 지켜본바 이 선수에게는 골프에 관한 분명한 생각의 오류가 있었다. 이 점을 확신한 나는 그동안 많은 이야기를 시도하였다. 하지만 철옹성 같은 자신의 골프철학으로 사실상 더 이상의 태도변화를 기대할 수 없었다. 이 선수 역시 국가대표 출신으로서 자기관리와 성실함, 그리고 노력에 있어서는 타의 추종을 불허하는 선수라는 점이 주위를 더욱 안타깝게 했다. 그러나 전지훈련 중 무슨 깨달음이 있었는지, 기특하게도 스윙에 대한 생각의 변화를 시도하였고, 골프에 관한 다른 관점을 가지고 돌아왔다. 그간의 노력이 헛되지 않았다는 생각에 보람을 느낀 순간이었다.

이처럼 골프라는 스포츠에는 엘리트 선수마저도 감쪽같이 빠질 수 있는 너무나도 그럴 듯한 함정들이 도사리고 있다. 엘리트 선수들도 그러할진대 일반 선수는 어떻고, 취미로 즐기는 골퍼들은 어떠하겠는가? 대부분의 사람들이 골프를 어려워하는 이유가 바로 여기에 있다.

자신의 골프를 돌아보라!

항상 예선통과가 목표인 선수.
자신의 실수에 미치도록 화가 치미는 선수.
골프가 안 되는 이유를 도무지 모르는 선수.
결코 짧지 않는 구력을 가졌음에도 성적이 나지 않는 선수.

마치 깊은 수렁에라도 빠진 것처럼 한없이 추락을 겪는 선수.

노력은 할 만큼 한다고 생각하는데 시합이 뜻대로 되지 않는 선수.

이와 같은 선수들은 자신의 골프를 진지하게 되돌아봐야 한다. 그리고 골프에 대한 새로운 관점을 이유 없이 거부하지 말아야 할 것이며, 변화를 두려워하거나 망설이지 않아야 한다. 적어도 더 나은 골프를 열망한다면 '더 열심히 할 것이다!' '최선을 다하겠다!'는 상투적인 각오는 더 이상 답이 될 수 없다. 전쟁터와 같은 프로무대에서는 열심히 하지 않는 선수들이 없고, 최선을 다하지 않은 선수들이 없기 때문이다.

언제까지 열심히만 할 것인가?

언제까지 최선을 다한다고만 할 것인가?

나는 『골프, 생각이 스윙을 바꾼다』라는 제목으로 골프심리에 관한 첫 번째 책을 출간하였다. 여기에서는 아마추어든 선수든 간에 골프를 잘 치기 위한 올바른 생각과 마음가짐, 그리고 기초적인 골프심리에 관한 내용을 다루었다. 나의 두 번째 골프심리학 저서인 이 책에서는 한국체대의 엘리트 골프선수들을 대상으로 멘탈코칭 및 심리상담을 했던 소중한 경험을 독자들과 나누고자 한다. 전편에서는 순수 아마추어 골퍼의 눈높이에 맞추어 쉽게 서술하였다면 이 책에서는 골프를 직업으로 해야 하는 선수들에게 포커스를 맞추어 좀 더 심화된 골프심리를 다루었다.

　이 책의 특이점은 SBS에서 인기리에 방송되었던 〈서바이벌 오디션 K팝스타〉 시즌 1, 2, 3 심사위원들(박진영, 양현석, 보아, 유희열)의 심사평과 관련하여 골프심리를 기술하였다는 것이다. 나는 이 오디션 프로그램을 시청하면서 문득 스치는 생각이 있었다. 그것은 무대에 오르는 오디션 참가자의 심리상태와 시합에 출전하는 골프선수의 심리상태에는 기막힌 공통점이 있다는 사실이다. 심리상태뿐만 아니라 무대에 오르는 정신적 태도, 음악의 대한 이해, 올바른 마음가짐 등 다양한 정신적 요소에는 골프에서의 그것과 비교 분석하기에 충분한 공통점이 존재하고 있다. 그 기막힌 공통점을 여러분도 함께 느껴보시길 바란다.

　골프선수로서 꿈이 있고 그 꿈을 향해 달려가는 선수, 혹은 진정 골프 고수가 되기를 열망하는 아마추어 골퍼, 그 길에 잠시 머뭇거릴 수밖에 없는 그대라면 이 책이 이정표가 되어 자신의 꿈을 성취하길 진심으로 바라는 바이다.

2015년 6월

이종철

이 책은 골프선수가 되고자 하는 주니어 골퍼, 프로지망생, 그리고 이미 프로골퍼로 활약 중인 선수 등 골프를 전문적으로 하는 사람들을 위한 멘탈(mental)서이다. 그렇다고 꼭 선수만을 위한 책은 아니다. 이 책은 보다 심화된 골프심리를 다루고 있어서 수준급 이상의 골프 실력을 갖추고자 희망하는 아마추어 골퍼들에게도 유용할 것이다.

특히 아마추어 골퍼들에게 선수들의 생각과 심리적인 문제를 간접적으로나마 경험할 수 있는 기회를 제공하고, 자신의 골프를 돌아보게 하는 계기를 마련해 줄 것이다. 또한 매한가지 깨달아야 할 마음의 문제에 대해서 화두를 던져준다. 이 기회를 통해 골프의 속성을 보다 확실하게 이해하며 골프가 멘탈 게임이라는 깨달음을 얻을 수 있기를 바란다.

A
나도 모르는 나의 마음

무의식에 자리 잡은 패배의식

패배의식도 가지가지

우승 마인드

골프선수에게 심리상담 및 멘탈 코칭이 필요한 이유

마음을 보는 기술

선수가 될 것도 아닌 아마추어 골퍼

PART
01
마음 공부

'나'를 존중하는 마음(자존감)

'나'에 대한 고민

'자존감'이란 무엇인가?

자존감과 자신감의 관계

자존감과 자존심의 관계

소중한 나, 가치 있는 나

B

C

내 안의 나! 진정한 나를 찾아서

감정의 발산이 '나'를 만든다

'싫다'는 말을 왜 못하는가?

골프장에서의 내 권리

'나'를 비참하게 만드는 비교심리

골프선수의 길, 진정 원하는 일인가?

불안의 안전구역 '집착'

스스로 그러한 삶을 살자

나도 모르는 나의 마음

그대는 그대의 마음을 얼마나 알고 있다고 생각하는가?
그대는 그대의 마음을 진정 제대로 알고 있다고 믿는가?

이 책을 읽기 전에
지금 이 순간 자신에게 물어보고 답해보라!

이 물음이 이 책의 화두이자
골프를 본질적으로 아느냐 모르느냐의 전부이다.

무의식에 자리 잡은 패배의식

나는 시합에 출전하는 우리 선수들에게 대뜸 이렇게 물어본다.

"윤종아, 이번 시합의 목표를 몇 등 정도로 생각하고 있니?"

"일단 예선 통과만 생각하려고요."

"그럼 일단 예선 통과가 목표인 거네?"

"네, 그렇죠. 뭐."

"목표가 너무 낮다는 생각은 안 들어?"

"먼저 예선부터 통과를 해야 4라운드를 뛸 수 있잖아요."

"그렇긴 하지……. 자신감은 있니?"

"자신감은 있는데, 해봐야죠. 뭐."

윤종이는 자기관리에는 전혀 문제가 없는 선수였고, 비교적 성실하게 운동을 하였지만 최종 상금랭킹 60위까지 주어지는 차기년도 시드

권을 획득하는 데 실패하고 말았다. 대부분의 선수들이 그러하듯 이러한 결과에 직면하면 "제가 부족한 게 있는 것 같아요. 더 열심히 해야죠"라는 상투적인 대답을 늘어놓는다. 나는 생각한다. '이런 선수들이 과연 자신이 부족한 것이 무엇인지 정말 알고 있을까?' 하고 말이다. 시험이 끝나고 난 후 나는 윤종이에게 상담을 제안했다.

"윤종아, 지난번엔 시합이 잘 안 됐구나."
"아~, 예선 통과가 힘드네요. 골프가 맘대로 안 돼요. 예선 통과만 되면 어떻게 좀 해보겠는데 그게 잘 안 되네요."
"그럼 이번에는 목표가 몇 등이야?"
"우선 예선 통과만 생각하려고요. 예선을 통과해야지 뭘 하더라도 하죠."
"선생님이 봤을 때는 자신감이 많이 부족해 보이는데 넌 어떤 거 같아?"
"자신감이요? 자신감은 항상 있죠. 그게 잘 안 돼서 그렇죠."

나는 윤종이가 말하는 자신감이 '진정한 자신감'이 아니라는 것을 일깨워주고 싶어졌다.

"윤종아, 요번 시합에 몇 명이나 출전하지?"
"140명 정도 되죠."

"그럼 예선 통과는 몇 명이 들어가지?"

"60등까지죠."

"그럼 2라운드까지 60등 안에 들어야 예선 통과가 되는 거네?"

"그렇죠."

"자, 그럼 보자. 네가 60등이 목표라면 140명 중 적어도 80명을 이겨야 하는 거네? 그렇지?"

"그렇죠."

"그럼 또 보자. 네가 60등이 목표라면 적어도 59명한테는 질 수도 있다는 생각이 깔려있는 거네?"

"진다는 생각은 안 하는데요."

"그래? 그럼 다시 한 번 생각해보자. 60등이 목표면 59명한테 질 수 있다는 가능성이 조금이라도 있다는 거잖아, 그렇지 않아? 그렇지 않고서는 목표가 60등이 될 필요가 있겠어?"

"그렇긴 하죠."

"윤종아. 만약 시합에 참가하는 선수들하고 1:1 매치플레이를 한다고 가정을 해보자. 그러면 윤종이 네가 상대한테 진다는 생각을 미리부터 하고 게임을 할 거니?"

"그런 생각은 안 하죠. 당연히!"

"좋아. 그럼 타이거 우즈, 최경주와 같은 유명한 선수하고 붙는다고 생각한다면 어떨 거 같아?"

"이긴다는 보장은 없지만 진다는 생각을 미리부터 할 필요는 없죠.

도전하는 마음으로 한 번 이겨보자는 생각으로 할 것 같은데요."

"그럼 다시 생각해보자. 시합에 출전하는데 굳이 59명한테 질 수도 있다는 가능성을 미리부터 생각할 필요가 있겠어? 윤종이 너의 목표는 80명한테는 이길 수 있지만 59명한테는 질 수도 있다는 생각이야. 이 사실을 자신도 모르게 하고 있다는 생각 안 들어? 59명을 줄로 한 번 세워보자. 이 많은 사람들한테 게임도 안 해보고 진다고 할 거야?"

"……."

"모든 선수들하고 1:1을 한다면 자신이 진다는 생각을 어느 누구도 하고 싶지 않을 거야. 적어도 투어프로라면 말이지. 골프도 할 만큼 했잖아. 더군다나 윤종이 너는 아마추어 시절에 우승도 해봤고 국가대표도 해봤으면서……. 네가 진정으로 진다는 생각을 하지 않는다면, 그렇다면 140명의 모든 선수들 하고 1:1을 했을 때, 네가 모두 이길 확률도 분명히 있지 않겠어? 있을 것 같아? 없을 것 같아? 있다 없다 둘 중에 하나로 답해보자."

"있죠!"

"그래!! 있는 거야!! 그런데 목표가 60등이라면, 그 확률! 모두를 이길 수 있는 그 가능성을 너 스스로 부정하는 게 돼. 그 확률이 얼마가 되든지 말이지. 그래서 목표가 예선 통과라고 말하는 것은 이렇게 너도 모르는 패배의식이 깔려 있는 거야. 미안한 이야기지만 윤종아! 너는 자신감이 없는 거란다. 너도 네 마음을 잘 몰랐던 것이지. 네가 말했던 자신감은 말로만 하는 자신감이지 진짜 가슴으로 느끼는 진정한 자신감은 아니었던 거야."

"그런 거 같네요. 선생님."

"선생님이 말하고 싶은 것은 예선 통과가 목표가 되어서는 안 된다는 거야. 목표를 수정해야겠지, 60명이나 되는 선수들한테 질 수도 있다는 생각을 미리부터 할 필요가 없음을 조금이라도 느꼈다면, 반대로 모두 이길 수도 있다는 가능성을 마음으로 느낄 수 있어야 해! 아주 조금이라도 그 가능성이 생긴다면 그게 바로 가슴에서 느낄 수 있는 진정한 자신감이 되는 거야!! 이게 바로 '우승 마인드'란다."

이런 식의 상담은 대부분의 선수에게 적용이 된다. 목표가 예선 통과가 아니라 30등, 20등, 10등이라 할지라도 등수만 다를 뿐 이 또한 패배의식이긴 마찬가지이다. 이 역시 29명, 19명, 9명의 그 누군가에게 무조건적으로 패배의 가능성을 갖고 있는 것이다. 시합도 하기 전에 그걸 인정해서 되겠냐 이 말이다.

흔한 말로 '세상만사 마음먹기에 달렸다'라는 말이 있다. 아직도 예선 통과를 목표로 시합에 임할 것인가?

002

패배의식도 가지가지

　패배의식의 가장 큰 문제점은 선수 자신의 머릿속에 그러한 생각이 있었다는 사실조차 전혀 인지할 수 없다는 점이다. 왜냐하면 그것은 무의식에서 일어나는 일이기 때문이다. 여기서 잠깐 심리학 용어에 대해서 알아보자. 우리가 몸을 움직일 때, 말을 할 때, 생각할 때는 '의식'과 '무의식', 이 두 가지 정신 상태에서 이루어진다. 먼저 '의식'은 자신의 의지로 지금 이 순간에도 알아차리고 생각할 수 있는 정신 상태를 말한다. '내가 지금 화장실에 가고 싶은 충동을 느껴 몸을 움직인다. 화장실에 가는 도중 물이 마시고 싶어 냉장고 문을 열었다. 물을 마시려니 매일 한 알씩 먹는 약이 생각나 약을 가지고 와서 먹는다.' 이렇게 몸을 움직임에 있어 선택을 가능케 하는 것, 무언가 생각하고 움직이는 것, 이것저것 생각하고 상상하는 것 등은 '의식'의 작용이다.

　반면 '무의식'은 그 순간 이성적 판단이 불가능하고 신체의 변화를 조절할 수 없으며, 자신의 행위에 대한 자각이 없는 정신 상태를 말한다. 예쁜 여자에게서 눈길을 뗄 수 없는 것, 맛있는 음식을 생각하면 군침이 고이는 것, 공포감을 느끼는 것, 꿈을 꾸는 것, 잠꼬대와 이갈이를 하는 것, 습관적인 행동을 하는 것 등이 자신의 의지와 상관없이 작동되는 정신 상태라 할 수 있다. 이는 전의식, 잠재의식, 무의식 등과 같은 용어로써 약간의 차이를 두고 사용되지만, 이 책에서는 '무의식'으로 그 개념을 통일한다.

골프선수가 시합 중 실수를 하면 그 실수의 원인을 제대로 파악하지 못하는 경우가 허다하다. 대부분의 선수들은 '동작이 어떻게 됐느니', '힘이 들어갔느니' 하고 하소연만 할 뿐이다. 그 이유는 자기도 모르는 정신 작용에 의해 실수가 유발된다는 사실을 미처 모르고 있기 때문이다. 그렇다면 자기도 모르는 정신 작용은 어떻게 해서 일어나는가? 원시시대로 돌아가 보자. 원시인이 숲을 지나다 떡하니 호랑이를 만났다. 극도의 불안과 두려움을 느낀 원시인은 순간적으로 몸이 위축되면서 손에 들고 있던 지팡이를 놓치고 만다. 그리고 눈이 커지고 호흡도 거칠어진다. 심장박동이 빨라지면서 혈압도 상승한다. 이렇게 급작스러운 신체변화가 일어나는 이유는 몸이 폭발적인 에너지 방출을 준비하기 때문이다. 생존을 위해 도망갈 준비를 하는 것이다.

폭이 2m 남짓한 산책로를 상상해보자. 친구와 함께 한적하게 거닐고 있는 중이다. 숲은 우거져 있고 고목 사이로 햇살이 들어온다. 이름 모를 새가 여기저기서 지저귄다. 상쾌한 공기에 정신은 맑아지고 마음은 더 없이 평화롭다. 그럼 이번엔 다른 길을 상상해보자. 길 양쪽 모두 아득한 낭떠러지이다. 우거진 숲, 새소리만 없을 뿐, 똑같은 폭 2m의 산책로이지만 어떤 마음이 들겠는가? 평화로운 산책로는 온데간데없이 두려움 가득한 무서운 길이 될 것이다. 혹시나 떨어질지 모르는 불안으로 더 똑바로 걷기 위해 노력할 것이 틀림없다. 한 걸음 한 걸음 떼기도 힘들 것이고, 친구의 손을 더욱 꼭 잡으려 할지도 모른다. 하지만 생각해보라. 2m 남짓한 산책로에 굳이 두려움을 품고 더 똑바로 걷기 위해 노력할 필요가 있는가? 걸음걸이가 달라질 필요가 있겠는가 말이다.

우리 몸의 자율신경계는 생명활동을 유지하기 위한 중요한 기능을 담당한다. 여기에는 교감신경과 부교감신경이 있다. 교감신경은 우리 몸에 저장된 에너지를 방출하기 위해 활성화되고 부교감신경은 에너지를 보존하기 위해 활성화된다. 골프선수가 시합에서 긴장을 하고 위축되는 이유는 무의식에 자리 잡은 패배의식, 즉 두려움에서 도망치기 위해 우리 몸이 준비를 하고 있는 것이다. 에너지를 쓰기 위해 교감신경이 활성화되는 순간이다. 그리고 온갖 신체적 증상이 나타난다. 이는 호랑이와 마주친 원시인의 처지와 크게 다를 바 없고, 아득한 낭떠러지 사이를 걷고 있는 상황과 다를 바 없다. 이러한 신체적 증상이 골프선수에게 치명적인 이유는 스윙 중 순간적으로 힘이 들어가기 때문이다. 이 힘이 바로 교감신경의 활성화로 발생되는 근수축으로 미스 샷의 직접적인 원인이라 할 수 있다. 그렇다면 우리의 무의식 속에 패배의식이 어떻게 자리 잡고 있는지 살펴보도록 하자.

- '완벽한 스윙을 만들어보겠다'고 부단히 애쓰는 것은 자신의 감을 믿지 못하고 기술의 완벽으로 극복하려는 것이다. 무의식에서는 자신감이 없고 두려움이 존재한다.
- 퍼팅이 빠질까봐 걱정하는 것은 무의식에서 이미 실패의 가능성을 믿고 있는 것이다.
- OB를 애써 피하고자 하는 것은 무의식에서 이미 OB가 날 가능성을 믿고 그것을 두려워하는 것이다.
- 언더파를 치고 무척이나 좋아한다. 언더파는 자신의 실력이 아니라고 무의식으로 생각하고 있는 것이다.
- 시합 중 '게임이 말도 안 되게 잘 풀리고 있다'는 생각은 무의식으로 자신의 능력을 스스로 폄하하는 것이다.
- '나는 키가 작고 몸이 왜소하니 남보다 불리하다.' 신체적으로 불리한 사람이 성공하는 것은 스스로 어려운 일이라 단정 짓고 있다. 실패에 대한 두려움이 가득하다.
- '오늘은 컨디션이 안 좋으니 정신을 바짝 차려야겠다.' 좋지 않은 컨디션에서는 골프를 잘 칠 수 없다고 스스로 인정하고 있는 것이다. 실수에 대한 두려움을 미리부터 가진다.
- '예선 통과가 목표다.' 경기를 해보지도 않고 패배를 이미 기정사실로 한 것이다.
- '더 열심히', '최선을 다하자'는 말로 죽자사자 연습에 매달려 있는 것은 자신의 본능적 감을 믿지 못하는 것이다.

- 하루 쉬는 것을 불안해하는 것 역시 자신의 본능적 감에 대한 신뢰가 없는 것이다.
- 날씨가 안 좋다 하여 투덜대는 것은 해보지도 않고 결과를 미리부터 걱정하는 것이다.
- 경기 중 알을 까고 룰을 위반하는 행위는 자신의 능력에 의심을 갖고 있는 것이다.

무엇이 두려워서 승리를 예측하지 못하는가? 두려움, 두려움, 이 두려움이 바로 그대의 무의식에 자리 잡고 있는 것이다. 그리고 신체는 교감신경을 활성화시켜 도망을 준비한다. 언제까지 도망만 갈 것인가? 그렇게 도망 다녀서 시합에 성공할 수 있다고 생각하는가? 마주하라! 무의식에 있는 자신의 두려움과 맞서 싸우라! 그렇지 않으면 쓸쓸히 선수생활에 종지부를 찍을 것이다.

003

우승 마인드

나는 골프심리학의 결정판을 '우승 마인드'로 집약하고 싶다. 골프 선수의 길을 걷는 사람이라면 누구라도 성공을 꿈꿀 것이다. 여타의 스포츠도 마찬가지지만 1등이 아니면 살아남을 수 없고 성공할 수 없는 것이 이 바닥이다. 그럼에도 불구하고 시합에 출전하는 선수들이 이러한 '우승 마인드'를 갖지 못한다는 것은 참으로 안타까운 일이 아닐 수 없다. 첫 시합에 출전하는 선수가 우승을 꿈꾼다는 것은 어불성설일 수 있다. 예선 탈락을 밥 먹듯이 하는 선수 역시 우승은 머나먼 남의 나라 이야기이다.

그러나 여기서 내가 말하고자 하는 '우승 마인드'는 결코 '우승을 꿈꾸는 것' 그 자체를 목적으로 하지 않는다. 이 점에서 결단코 착각이 있어서는 안 된다. 즉 내가 말하는 '우승 마인드'라는 것은 단지 우승을 하고 싶은 그 욕심을 말하는 것도 아니요, 그것을 열망하는 마음의 상태도 아니다. 앞서 실제 상담에서 이야기한 바 있듯이 1:1 매치플레

이로 하나하나 붙었을 때,

내가 이길 수 있다는 믿음!!
나아가 모두에게 이길 수 있는 확률!!
그 확률이 아주 낮더라도 그것을 믿고 게임에 임하는 태도!!
나에게도 충분히 가능한 일이라는 것!!
누구에게도 질 수 없다는 그러한 마음의 상태!!

이것이 바로 '우승 마인드'이다. 다시 말해 1등이라는 숫자에 집착하는 것이 아니고 단지 나에 대한 능력 그 자체를 신뢰하는 마음의 상태이다. 이러한 마음에서 그 어떤 어려움과 악조건도 대수롭지 않게 넘길 수 있고, 승패에도 초연할 수 있으며 무욕(無慾)의 담담한 마음상태를 유지할 수 있게 된다.

따라서 성공적인 선수생활을 오랫동안 지속하기 위해서는 이렇게 무욕에서 샘솟는 진정한 자신감을 찾아야 한다. 이것은 결단코 내 안에 없던 것을 집어넣는 작업이 아니다. 단지 자신도 모르게 숨겨져, 혹은 가라앉아 있는 것을 찾아내는 작업이라 할 수 있다. 이를 위해서는 우선 앞서 패배의식과 같은 무의식의 오류를 바로 잡기도 해야겠지만 누구에게도 질 수 없다는 당위성을 스스로 찾아내야 한다. 그것이 타이거 우즈 할아버지라도 말이다.

골프!! 칠 만큼 치지 않았는가?

사지(四肢)가 멀쩡하지 않은가?

나에게 힘이 없는가?

나라고 우승하지 말라는 법이 있는가?

언제까지 패자여야만 하는가?

타이거우즈는 태어나면서부터 골프 황제였는가?

키가 작다고 우승을 못하는가?

이안 우스남은 164cm, 코리 페이빈은 170cm, 김미현은 155cm, 장정은 151cm. 키는 작지만 모두 세계적인 선수들이다. 이 밖에도 키가 작은 사람이 우승한 경우는 얼마든지 있다. 어떤 것이든 좋다. 자신에게 물어보고 대답해보라. 여기에 긍정적인 답을 할 수만 있다면 자신은 뭐든지 해낼 수 있다는 진정한 믿음을 가질 수 있을 것이다. 이것이 바로 자기 자신을 가치 있게 평가할 수 있는 자존감의 일부이며 또한 내가 말하는 '우승 마인드'이다.

잘나가는 선수들의 TV 속 인터뷰 모습을 지켜보면 말투와 억양에 뭔지 모를 힘이 있다. 결코 큰 소리가 아니더라도 충만한 자신감, 담담함 그리고 잔잔한 배짱을 느낄 수 있다. 그리고 눈빛도 표정도 심지어 걸음걸이에도 뭔가 다름이 느껴진다. 모든 행동에 보통 사람과는 사뭇 다른 기가 느껴진다면 바로 그것이다. 이들은 또한 굳이 잘남을 드러내지 않고, 말이 앞서지 않으며 겸손하다. 쓸데없는 말과 행동은 아무짝에도 쓸모가 없다는 것을 본능적으로 알고 있기 때문이다. 이 모든 것은 본질을 직시한 강한 내면, 더불어 나 자신을 신뢰하는 마음 상태에서 비롯되는 것이라고 나는 생각한다.

간혹 상담을 하다 보면 이런 선수들이 있다. "욕심을 버리면 목표가 없어지는 것 같고, 꼭 시합을 포기하는 마음으로 하는 것 같아요." 심지어는 "내가 골프를 왜 하고 있지?" 하고 혼란스러워 하는 경우도 있다. 욕심을 버리고 마음을 비운다는 것은 결코 목표를 없애는 것이 아니다. 그보다는 목표 달성을 위해 방법을 달리하는 것이다. 경쟁에서 이기기 위해 이기고자 하는 마음을 버리는 이치를 이해할 수 있어야 한다.

004

골프선수에게 심리상담 및 멘탈 코칭이 필요한 이유

'골프는 멘탈 스포츠다'라는 말은 이제 더 이상 그 중요성을 논하지 않아도 될 만큼 골프 경기력을 결정짓는 중요한 요소로 인식되고 있다. 그러나 현직 선수뿐만 아니라 배우는 단계에 있는 선수들 역시 기술 지도를 받는 만큼 심리상담(멘탈 코칭)의 필요성을 인식하지 못하고 있다. 그 뿐만 아니라 대다수의 골프선수들이 기술을 습득하고 그 것을 유지하기 위해서 많은 시간을 투자하고 있지만, 멘탈 강화를 위해 혹은 자신감을 유지하기 위해서는 하루에 단 10분조차 할애하지 않고 있다. 이에 따라 한국에서는 골프 선진국처럼 선수의 심리상담이나 멘탈 코칭이 아직은 일반화되어 있지 않은 것이 현실이다. 참으로 아이러니한 일이 아닐 수 없다.

여기에는 여러 가지 이유를 찾아볼 수 있다. 우선 골퍼의 내적 문제로 생각해보자면 골프를 배우는 과정에 있어서 기술이 전부인 것 마냥 잘못 배울 수도 있고, 어느 정도 구력이 되면 좀처럼 골프에 관한 생각을 바꾸지 못하는 데 그 원인이 있을 수도 있다. 이는 선수가 시합이 잘 안 되는 원인을 연습부족이나 오로지 기술적 문제에서 결함을 찾으려는 노력과 무관하지 않다.

또한 외적 요인에서 생각해보자면 심리상담을 자처하는 상담사의 문제로도 생각해볼 수 있다. 상담사가 골프의 종목 특성을 이해하지 못하거나 상담 자체가 단순히 피상적 접근에 머문다면 상담사는 더 이상 선수들의 외면을 피할 수 없기 때문이다. 이는 골프선수들에게 상담 문화를 저해하는 주요 요소로 작용하면서 돌팔이를 경계하는 대중의 심리를 더욱 위축시키는 결과를 가져오고 있다. 간혹 상담을 받아본 선수들 중에는 "골프에 대해서 저보다 더 모르는 거 같아요"라고 하소연을 하기도 하는데 이는 상담사의 섣부른 접근에 대한 경종이라 할 수 있다.

그러나 여기서 열거한 이유들이 골프선수들로 하여금 심리상담에 적극적이지 못하게 만드는 본질적인 이유는 아니다. 또한 내가 말하고자 하는 것도 아니다. 그 본질적인 문제라 함은 자신의 마음 상태와 그 특성에 대한 무지(無知) 그리고 그 마음이라는 것이 어떠한 환경(조건)에서 어떻게 변화하는지에 대한 무관심이라 할 수 있다.

마음에 대해서 좀 더 생각해보자. 여기서 이야기하는 '마음'이라는 것은 가슴팍에 손을 얹고 매만지는 그것이 아니다. 생리학적으로 말하자면 뇌의 특성이고 심리학적으로는 정신적 과정이며 철학적으로는 인식의 문제라 할 수 있다. 나의 개똥철학으로 이야기하자면 '마음'은 '생각의 중심'이고 '감정의 원천'이며 '본능의 지배자'이다. 이것은 또한 우리가 '마음'이라 일컬을 때 우리가 알고자 하는 그 '마음'이 아닐 수 있다. '마음'이라 이름 짓기 이전의 그러한 상태 혹은 그와 같은 것으로서, 이는 결코 단어 몇 개로 표현할 수 없다. 결코 한두 개의 관점에서 볼 수 있는 것도 아니고, 현미경을 들이댄다 해서 볼 수 있는 것도 아니다. 어쩌면 '마음'을 '마음'이라 이름짓는 순간 아로새겨진 껍데기일 수 있다.

이렇게 심오하고 난해하고 복잡한 것이 마음이지만 우리는 이 마음을 알아야 한다. '마음'을 안다고 하는 것은 '나'를 아는 것이고 '너'를 아는 것이며 곧 모든 것을 알 수 있다는 의미이다. 이것이 곧 골프를 잘 치기 위한 심리적 요소의 출발이라고 이야기할 수 있으며 행복한 삶을 살기 위한 가장 중요한 일이라고도 할 수 있다. 너무나 중요한 문제이기에 강조하고 또 강조하고 싶지만 그것은 말처럼 쉬운 일이 아니다.

인간을 소우주에 비유하는 까닭은, 우주의 축소판이자 우주가 가지고 있는 모든 요소들을 함축하고 있기 때문이다. 그것은 60조 개 이상의 세포로 구성된 복잡하고 섬세한 신체구조를 이야기하기도 하지만, 그 크기와 모양을 알 수 없고 변화무쌍한 인간의 '마음'을 이야기하기도 한다.

우주를 다 안다는 것이 가능한 일인가?

현대의학은 아직도 수수께끼 같은 우리 몸을 다 알지 못하고 심리학자들은 아직도 인간의 '마음'에 대해 연구를 진행 중이다. 여기서 질문 하나 던져보자면, 사람을 대상으로 연구하는 의학과 심리학이 과연 인간의 역사 이내에 그 연구를 끝마칠 수 있을까?

나는 생각한다. 이 연구들이 끝나는 그날이 온다면 아마도 우주의 끝도 어딘가에 있을 것이다. 이렇듯 인간의 '마음'은 감히 함부로 논할 수조차 없는 깊이와 넓이가 있으며, 또한 복잡성과 다양성이 존재한다. 그것은 마치 우주와 같다.

그대는 골프가 '멘탈 스포츠'라는 말에 동의할 수 있는가?

만약 동의한다면,

어찌 이 우주를 혼자서 감당하려 하는가?
아직도 달나라 뒷그늘에서 떡방아나 찧고 있을 것인가?
아직도 우물 안의 개구리가 동화 속 주인공으로만 보이는가?

자신의 '마음'을 다 안다고 자신하지 마라. 바로 이것이 골프선수에게 심리상담이 필요한 본질적인 이유다.

005

마음을 보는 기술

골프를 처음 배우는 사람들은 스윙을 뭔가 특별하고 어려운 기술이라 착각하는 경우가 있다. 그 이유는 전혀 생소한 동작을 배우는 데다, 레슨비 또한 많이 내기에 뭔가 특별함이 있을 것 같은 막연한 기대심리가 생겨나기 때문이다. 그러나 이렇게 스윙을 특별하고 어려운 기술로 착각하고 골프를 배운다면 삼천포로 빠질 가능성이 농후하다. 골프는 최대한 단순하게 칠 때 가장 잘할 수 있는 것이고, 복잡하면 복잡할수록 어려워지는 운동이기 때문이다. 프로들이 잘 치는 이유는 연습이 아니라 가장 단순하게 치기 때문이다. 이 점에서 착각을 해서는 안 된다.

골프에서 심리적인 문제와 생각의 문제가 그토록 중요하다고 강조하지만 이것 역시 풀어가는 방법에 있어서 특별함이 있는 것은 아니다. 특별한 방법이 있었다면 아마도 이 세상에 골프 못 치는 골프선수가 없을 것이며, 떼돈을 벌지 않은 상담사가 없을 것이다.

심리상담은 자신의 발견을 도와주는 일이다. 즉 '나의 마음'에 대해서 알아가는 것, 그뿐이다. 이것은 스스로 마음의 문을 열고 스스로 갈망하면 된다. 여기에는 결코 '금 나와라 뚝딱! 은 나와라 뚝딱!'과 같은 도깨비방망이는 없다. 마음의 문을 열지 않는다면 제 아무리 심리학의 대가라도 별 수 없다는 이야기이다. 골프선수가 자신의 심리적인 문제를 스스로 인지하고 이것을 해결하고 싶은 욕구만 있다면, 그리고 실천으로 옮길 수만 있다면 이미 90%는 해결된 것이나 다름없다. 나머지 10%가 상담사의 역할이다. 자신에게 문제가 있다는 사실을 인정하지 않는 것이 마음의 문을 열기 힘든 점이요, 자신의 마음에 대한 무지이다.

우울증에 시달리는 사람이나 심리적으로 문제가 있는 사람들이 제 발로 정신과 의사를 찾아가는 경우를 보았는가? 쉽지 않은 일이다. 이는 자칫 '정신병자' 혹은 '미친놈'이라고 확대 인식되는 사회적 시선이 두렵기도 하지만, 자신을 환자로 인식하지 못하거나 혹은 자신의 심리상태에 문제가 있음을 인정하지 못하기 때문이다.

따라서 심리상담에 임하는 선수들은 특별한 방법을 기대하고 상담사를 찾지 마라. 어떠한 이유에서든 상담사를 만나려고 시도하는 것은 매우 고무적인 일이긴 하지만 특별함이 없더라도 실망하지 마라. 그런 것은 애당초 없다. 진정한 나와의 만남을 준비하면 그것이 전부이다. 상담사는 단지 '머리로 아는 나'와 '진정한 나'와의 만남에 가교 역할을 해줄 뿐이다. 마치 내 얼굴을 보기 위해 거울을 보듯, 마음의 거울이 되어 줄 뿐이다. 그대가 정말 진정한 나와의 만남을 이룰 수 있다면 그제야 특별함이 생길 것이다.

그 특별함에서는 억압에서의 해방, 무한한 기쁨 그리고 자유로움, 세상 만물이 그토록 아름답고 추한 것이 하나 없음을 느낄 수 있다. 이렇게 마음의 색안경이 벗겨지면 골프선수가 갖춰야 할 심리적 요소는 지극히 부가적인 기능에 지나지 않는다. 그것은 바로 초연한 마음과 무욕심, 긍정적인 마인드 그리고 충만한 자신감과 무한한 집중력이다. 이것이 곧 '우승 마인드'인 것이다.

이러한 마음의 상태가 가능해진다면 무슨 일이든 못할 것이 있겠는가? 그것이 골프든 뭐든 말이다. 이것이 '특별함'이라면 특별한 것이다. 골프선수에게 필요한 심리적 요소는 분명 부가기능이라는 것을 잊지 마라. 주(主)가 아닌 객(客)이라는 말이다. 객(客)만 바라보는 문제해결방법은 근본적이고 본질적인 방법이 될 수 없다. 이 책에서는 주(主)에서 비롯된 부가기능으로서의 골프심리를 논할 것이다. 심리는 별다른 것이 아니다. 그저 내 마음을 살피는 것, 그뿐이다.

선수가 될 것도 아닌 아마추어 골퍼

006

나는 선수뿐만 아니라 아마추어 골퍼를 대상으로도 다년간 레슨을 해왔다. 레슨을 받는 고객들은 저마다 소기의 목표를 가지고 연습에 임한다. 그 목표라 함은 대부분 '골프 한 번 잘 쳐보자!'는 것으로 귀결 될 것이 틀림없다. 그러나 간혹 '선수가 될 것도 아닌데 꼭 이렇게까 지 해야 하나?' 하며 거드름을 피우는 경우가 종종 있다. 습관화된 동 작을 못하게 하고 당장 신경을 많이 써야 하는 스트레스 때문에 본능 적으로 피하고 싶은 욕구가 있는 것이다. 이런 분들은 뭐하러 레슨을 받는지 모르겠다. 그리고 뭘 연습하자고 연습장에 오는지도 모르겠다. '골프 한 번 잘 쳐보자!'는 의지가 진정 있는지 의심만 들 뿐이다.

기술적인 문제뿐만 아니라 심리적, 정신적인 문제도 마찬가지이다. 진정 골프 한 번 잘 쳐보고 싶은 아마추어 골퍼라면 자신의 마음을 들 여다봐야 함은 물론, 골프를 멘탈 게임으로써 이해해야 한다. 골퍼의 심리 문제는 결코 선수만의 것은 아니다. '선수가 될 것도 아닌데 뭘

골프, 마음의 게임

심리문제까지야'라는 생각이 든다면 '골프 한 번 잘 쳐보자!' 하는 마음은 애당초 버리는 것이 현명하다. 그저 따뜻한 봄날에 꽃구경이나 하고 잔디밭을 거니는 정도로 만족하는 것이 정신건강에 좋을 듯싶다.

골프심리에 대한 관심, 이것은 어쩌면 아마추어 골퍼에게 더욱 필요한 일이 될 수 있다. 사람은 누구나 유·소년기에 가정환경으로부터 또는 친구들로부터 좌절과 심리적 상처를 겪으며 성장한다. 이것이 정신적인 성숙에 있어 자극제와 촉진제의 역할만 해준다면 더 없이 좋을 것이다. 하지만 행여나 그것이 마음의 비수로 남는다면 성인이 되어서도 그 상처는 아물지 않고 각종 심리문제로 발전된다. 이러한 문제는 크건 작건 간에 누구에게나 존재하고, 그것은 무의식 속에 머물러 자신의 마음을 조종한다. 그리고 중요한 점은 그것이 내 삶의 행복을 좀먹기도 하지만 골프심리에 있어서도 근원적 문제로 작용하게 된다.

이러한 관점에서 보자면 골프를 잘 치기 위한 심리적, 정신적인 문제는 스포츠 심리학적 도구만이 문제해결의 전부가 될 수는 없다. 스포츠 심리학이 응용심리학이라면 응용되기 이전, 즉 스포츠라는 환경에 들어서기 전의 마음상태를 점검해봐야 한다. 만약 여기에 문제가 있다면 그것이 우선적으로 치료가 돼야 한다. 따라서 골퍼는 자신의 마음을 들여다보는 것을 게을리하지 말아야 하며, 자기객관화 혹은 자기성찰의 과정을 반드시 거쳐야 한다. 이러한 과정은 골프심리의 근원적 문제를 해결해 줄 뿐만 아니라 나아가 삶의 행복을 덤으로

안겨줄 것이다. '골프는 자기성찰의 게임이다', '골프는 멘탈 게임이다'
라고 하는 이유가 바로 여기에 있다.

아마추어 골퍼에게 심리상담 및 멘탈 코칭이 더욱 필요한 또 다른
이유 중 하나는 골프의 속성을 올바로 이해하지 못하는 점에 있다. 잘
못된 연습방법, 스윙에 대한 왜곡된 이해, 골프라는 종목 특성에 대한
무지 등이 그것이다. 이렇게 골프를 잘못 이해하고 있다면 구력이 십
수 년이 되어도 백돌이를 면치 못하게 되는 것이다. 골프심리에 관심
을 가져보라. 전혀 새로운 골프가 펼쳐질 것이다.

B

'나'를 존중하는 마음(자존감)

001

'나'에 대한 고민

　　그대는 '나'에 대해서 고민해 본 적이 있는가? '나'는 무엇이고 '나'는 누구인가? '나'는 어디에서 왔고 또 어디로 가는가? '나'는 무엇을 좋아하고 무엇을 싫어하는가? 또한 '나'는 무엇을 잘하고 무엇을 못하는가? 또한 '나'는 무엇을 두려워하는가? '나'는 과연 행복한가? 다른 사람에게 '나'는 과연 어떻게 비춰질까? 이러한 물음에 답을 할 수 있다면 그것이 과연 정확한 답일까? 이렇게 '나'에 대한 끝없는 고민을 해보았냐는 말이다.

　　'나'라는 존재는 생각의 중심에서 비롯되고 감정의 발산으로 드러나며 인식에 의해 존재한다. '나'라는 존재는 있으면서 없고, 없으면서 있다. '나'는 곧 '마음'으로 존재하며 '마음'으로 사라진다. '나'는 그냥 '나'이기도 하다.

　　이게 무슨 멍멍이 소리인가 할 것이다.

다시 말하면 우리가 알고 있는 '나'는 '의식에 있는 나'다. 우리는 '의식에 있는 나'를 알고 있다 하여 '나'에 대해 잘 안다고 착각을 한다. 그러나 '나'에 대해 고민하고자 하는 근본적인 이유는 '무의식에 있는 또 다른 나'를 보기 위함이다. 현재 자신의 의식에서 '무의식에 있는 나'를 본다는 것은 동그란 지구를 직접 눈으로 확인하고자 남산 위에 올라가는 것과 같다.

르네상스 시대에 지구가 둥글다는 사실을 알아내기까지는 수많은 증거를 찾아내야 했다. 그리고 천동설을 뒤엎고 지동설을 받아들이는 일은 실로 엄청난 충격과 혼란이었다. 지동설이 나오기 이전에는 왜 태양이 지구 주위를 돈다고 그렇게나 철석같이 믿었을까? 두 눈을 뜨고 왕눈으로 보아도, 땅은 항상 고정되어 있고 움직이는 것은 태양뿐이었으니까 그랬을 것이다. 날마다 돌고 있는 태양을 보면서 꼼짝도 안 하는 땅이 돌 것이라고는 누구도 생각지 못하였으리라.

눈에 보이는 천동설이 '의식에 있는 나'라면 눈으로 볼 수 없는 지동설은 '무의식에 있는 나'다. '의식에 있는 나'가 '무의식에 있는 나'를 보기 힘든 이유를 느낄 수 있겠는가? 하지만 영원히 볼 수 없는 것은 아니다. 천동설이 무너졌듯이 '의식에 있는 나' 역시 '무의식에 있는 나'를 그려낼 수 있다. 스스로 노력만 한다면 말이다. 그 노력의 과정은 갈릴레오가 수차례 종교재판에 회부되어 실형을 받았던 고통이 있었듯이, 많은 사람들이 혼란을 겪어야 했듯이 인고의 시간이 필요하다.

'무의식에 있는 나'는 '진정한 나'이고 '있는 그대로의 나'이며 '항상 그러한 내 마음'이다.

변화무쌍하고 복잡 다양한 자신의 '마음 지도'를 그려보자. 스스로 그려나간다는 것은 결코 쉬운 일은 아니다. 하지만 이러한 일이 진정 '나'를 이해하는 길이고, '나'를 지키는 것이며, '나'를 행복하게 만드는 일이기에 자신에게는 이보다 더 위대하고 가치 있는 일은 없을 것이다. 이렇게 그려진 한 장의 '마음 지도!!' 소중하지 않겠는가? 자존감은 이렇게 생성되고 회복되어진다. 이와 같은 '나'에 대한 고민이 바로 내가 말하는 '우승 마인드'를 갖기 위한 시작점이다.

002

'자존감'이란 무엇인가?

'자존감(自尊感)'이란 자아존중감의 줄임말로써 '나' 자신을 존중하면서 '나' 자신을 사랑하는 마음이다. 이러한 마음에서 '나는 무엇이든 해낼 수 있다'는 믿음이 샘솟기 시작하고 그럼으로 '나' 자신을 가치 있는 사람으로 평가할 수 있게 된다.

혹시 이러한 '자존감'에 대한 정의가 진부하게 들리는가?
행여 여느 책에서든 볼 수 있었던 그러한 것인가?

쉽게 보고, 쉽게 들을 수 있는 말이라고 간과하지 마라. '나'를 재발견하고 '나'를 알아가는 일은 그 어느 일보다 놀랍고 신비한 체험이다. 그리고 '내 안의 나' 자신에 대한 존재감과 존중감을 품는다는 것, 그리고 그대가 자신의 모든 것에 사랑을 느끼게 된다면 감동의 바다에서 춤을 추게 된다. 진실로 이러한 경험을 맛보지 못했다면 '나는 나를 사랑한다'는 것에 자신하지 마라.

자존감이 높은 사람은 '나는 내가 좋다'는 말과 함께 매사에 긍정적이며 항상 밝은 에너지를 발산한다. 또한 자존감이 높은 사람은 의욕적이고 능동적이며 항상 자신감에 넘친 삶을 산다. 놀 땐 놀고, 할 땐 하고, 한 가지 일에 집중하며, 무슨 일을 하든 걱정이 없고 두려움이 없다. 타인의 시선을 의식하지 않고 타인의 기대에 따라가지도 않는다. 오로지 자신의 내면이 원하는 대로, 바라는 대로 삶을 주도한다. 자신의 삶을 자신이 주인으로 살기 때문이다.

이러한 삶을 사는 사람들은 타인의 말에 귀를 기울일 줄 알면서도 자신의 의사표현을 분명히 한다. 그리고 적절하고 솔직한 감정 표현으로 대인 관계에 있어서 오해의 소지를 줄인다. 사람들과 마음으로 교감하기를 갈망하며 가슴으로 관계를 맺기 때문에 사람과의 만남이 언제나 즐겁다. 또한 인정이 많고 항상 희망을 생산해내는 기질 때문에 사람들이 많이 따른다. 그래서 자연스럽게 리더로 성장한다. 세상에는 나쁜 사람보다는 좋은 사람이 더 많다고 느끼고 모든 것에 아름다움을 느끼며 행복한 삶을 살아간다.

이러한 사람이 골프선수라면 어떻겠는가?

반면, 자존감이 낮은 사람은 '나는 내가 싫다'는 말과 함께 매사에 부정적이며 항상 어둠의 그림자가 보인다. 또한 자존감이 낮은 사람은 의욕적이지 않고, 수동적이며, 항상 자신감이 없다. 놀 때는 노는 것에 집중하지 못하고, 무언가 할 때는 걱정거리 투성이고 불안해한다. 그리고 타인의 시선에 민감하고 타인의 기대가 자신의 기대인 양 살아간다. 자신의 내면에서 바라는 바를 실행하지 못하고 자신이 원하는 바가 무엇인지도 잘 모른다. 자신의 삶을 자신이 주인으로 살지 못하기 때문이다.

이러한 삶을 사는 사람들은 타인의 말에 귀를 기울이지 못하고 감정표현과 의사표현에도 미숙하여 오해를 불러일으키는 일이 많다. 사람들과는 마음으로 소통하는 법을 잘 모르기 때문에 결국 대인관계에 서툴고 마찰이 잦아진다. 그리하여 사람들과의 만남이 즐겁지 않고 자연스레 마음의 문은 닫힌다. 이는 각종 심리적 장애로 발전하고 팀이나 조직 생활에도 적응하지 못하고 겉돌기가 쉬워진다. 세상에는 좋은 사람보다는 나쁜 사람이 더 많다고 느끼고 모든 것에 실증을 느끼고 우울한 삶을 살아간다.

이러한 사람이 골프선수라면 어떻겠는가?

나는 두 경우를 모두 경험해봤다. 하나는 나의 과거 모습이고 또 하나는 나의 현재 모습이다. 그 경계에는 나의 '마음 지도'가 펼쳐져 있다. 최근에 현명한 부모들은 아이들의 자존감 향상에 공을 들인다. 그러나 나의 어린 시절은(사실 30세까지다) 불행하게도 자존감을 어떻게 하면 더 겪을까만 생각하는 아버지 밑에서 자랐다. 지금 생각해보면 그렇다. 심지어는 골프 친다고, 건달 직업 갖는다고 해서 "넌 도대체 뭐해먹고 살래?"라는 아버지와 맞서기가 일쑤였다. 그렇지만 세상의 어느 부모가 자식놈 잘 되라고 가르치려 하지 우울한 삶을 선사하려 하겠는가? 무지에서 비롯된 잘못된 교육방법이 화근이었을 것이다.

낮은 자존감으로 인해 나는 30세까지 우울한 삶 속에 살았다. 그럼에도 불구하고 골프 프로에 입문하기 위해 부단히 애를 썼다. 경제적인 부담을 스스로 해결해야 하는 고통과 나의 자존감에 피를 흘려야 했던 아픔 때문에 만사가 원하는 대로 되지 않았다. 그러던 와중에 나는 우연한 기회로 자아성찰의 계기를 가지게 되었고 내 '마음의 지도'를 완성시킬 수 있었다.

그 결과 실로 놀라운 경험을 하였다. 앞서 자존감이 낮은 사람에서 나타나는 성향 하나하나가 자존감이 높은 사람의 성향으로 하나하나 바뀌었다면 그 과정이 어떠했겠는가? 그대는 상상이 가는가? 실로 그때의 감동과 환희의 물결은 이루 말할 수 없다.

이것을 맛보지 않은 사람은 감히 '기쁨'에 대해서 논하지 마라.

그리하여 나는 골프에 눈을 떴고 프로에 입문할 수 있었다. 그리고 나에게 더 중요한 사건은 단란한 가정을 이루고 아들 딸 낳아 잘 살고 있다는 것이다. 지금 이렇게 책을 쓸 수 있는 것도 '나는 무엇이든 해

제1부 마음공부

57

넬 수 있다'는 믿음으로 만인과 마음의 소통을 하고 싶은 욕구에서 출발했다. 이 모든 것이 어느 누구에게는 지극히 평범한 일일 수도 있겠지만, 나에게는 마치 無에서 有를 창조한 느낌이다. 그만큼 힘들었던 과거가 있었기에 이제는 그 누구보다도 전문가가 되었다고 생각한다.

적어도 마음의 문제라면,
더욱이 골프선수의 마음 문제라면.

따라서 골프심리를 논하면서 어찌 이 자존감을 이야기하지 않을 수 있는가?

EBS의 한 교육프로그램에서 자존감이 낮은 그룹의 아이들과 자존감이 높은 그룹의 아이들을 대상으로 게임을 진행하였다. 게임에 앞서 각각의 아이들에게 게임의 성공여부를 물어보았다. 그 결과 "우리가 이길 것 같아요"라는 말로 자신의 성공을 믿는 아이들은 게임에서 승리했다. 대부분 자존감이 높은 아이들이었다. 반면 "모르겠어요." 혹은 "질 거 같아요"라고 대답하면서 겁을 낸 아이들은 실제로도 게임에서 지고 말았다. 낮은 자존감의 아이들이 대부분이었다. 그리고 이 프로그램은 다음과 같은 말로 끝을 맺는다.

골프, 마음의 게임

자존감! 그 단순할 것 같은 요소 하나가 거의 모든 것을 쥐고 흔드는 보이지 않는 힘이었습니다. 마음속의 숨겨진 명령자였던 거죠. 지금 당신 아이의 마음속에는 어떤 명령자가 살고 있을까요?

- 자존감은 성공을 이끄는 사고방식을 가르친다. (조세핀 김, 하버드 대 교육학과 교수)
- 목표했던 것을 스스로 해냈을 때 자존감은 높아진다. (김붕년, 서울대 소아정신과 외래교수)
- 자신이 사랑받을만한 가치가 있다고 믿을 때 실패와 좌절 속에서도 일어설 수 있다. (이영애, 아동학 박사)
- 자존감이 높은 아이는 아무리 복잡하고 어려운 문제라도 쉽게 풀어간다. (이미리, 한국체육대학교 스포츠청소년지도 전공 교수)
- 공부(=골프) 잘하는 아이로 키우려면 먼저 자존감부터 높여라. (송인섭, 숙명여대 교육학부 교수)

이와 같이 자존감은 유아기, 성장기에 틀을 잡는다. 만약 그 어린 시절에 자존감의 상처가 있었고 치유되지 않은 채 성장했다면 어른이 되어서도 그 상처에 아파할 것이다. 어른이 되어서도 상처 입은 아이가 무의식에 존재하고 있는 것이다. 무한 생존 경쟁 속에 그 상처는 더욱 심화되고 곪아간다. 나 또한 그러했듯이 왜 그렇게 우울했는지 원인도 모른 채, 평생 아물지 않은 상처로 살다가 극단적인 선택을 할 수도 있다.

　우리는 행복이라는 목적지를 두고 인생이라는 멀고 험난한 길을 걷는다. 이제 갓 걷기 시작하여 높은 자존감, 낮은 자존감이라는 갈림길과 마주하게 되었을 때, 우리는 부모라는 이정표에 이끌려 어느 한 쪽을 선택당해진다. 올바른 선택이 주어진다면 다행이지만 한 번 잘못들어간 길은 가면 갈수록 돌아오기가 힘들어진다. 더 멀어지기 전에돌아와야 한다. 낭떠러지와 마주하기 전에…….

003

자존감과 자신감의 관계

'자신감(自信感)'이란 말 그대로 자신을 믿는 느낌이다. 좀 더 풀어서 정의하자면 어떠한 일을 수행함에 있어 의욕적인 태도와 더불어 잘할 수 있는 느낌으로 정의된다. 능력 그 자체가 아닌 '할 수 있다는 나의 능력'을 믿는 것이다. 내 능력에 대한 일종의 긍정적 기대감이다. 이러한 자신감은 자존감에서 비롯된 '나는 무엇이든 해낼 수 있다'는 믿음과 유사한 점이 있다. 그러나 이 둘은 비슷한 것 같으면서도 다른 점이 존재한다. 또한 이 둘을 이해하기 위해서는 관계적 관점에서 바라봐야 할 필요성이 있다.

자존감과 자신감은 모두 '자신을 믿는다'는 공통점이 존재하지만 단순히 내 능력을 믿는 것과 나를 존중함으로써 생성되는 그것과는 차이가 있다. 관계적인 관점에서 보자면 자존감은 자신감을 포괄하는 상위개념이고 자신감은 자존감의 영향을 받는 종속적 관계에 있다고 할 수 있다. 따라서 이 둘 사이는 자존감이 높으면 자신감이 높아질 수 있고, 자존감이 낮으면 자신감도 낮아질 수 있는 비례적 관계로 볼 수 있다. 자신감에 대해 좀 더 살펴보자.

골프선수에게 '자신감을 갖고 쳐라!' '자신 있게 쳐!'라고 응원을 한다면, 혹은 골프선수가 '난 OB가 안 날 자신이 있어!', '난 쓰리퍼팅 안 할 자신이 있어!'라고 다짐을 한다면 이것을 진정 자신감이라고 말할 수 있을까? 골프선수뿐만 아니라 무엇을 하든 이렇게 흔히 이야기하는 '자신감'에는 진짜와 가짜가 존재한다.

자신감을 자신의 특정 능력에 대한 믿음이라는 관점에서 보자면, 유한하고 상대적인 느낌이다. 다시 말하자면 타인과의 비교우위에서 비롯된 우월감이라 할 수 있다. 학력에 대한 자신감으로 충만한 명문대 졸업생이 영어가 유창한 유학파 박사 앞에서 작아진다면 이것은 가짜 자신감이다. 돈이라면 꿀리지 않을 것 같은 100억대 부자가 1,000억대 부자 앞에서 작아진다면 이것 또한 가짜 자신감이다. 미모라면 자신 있던 여자가 미스코리아 앞에서 작아진다면 이것 역시 가짜다.

비거리라면 자신 있다는 골프선수가 자신보다 더 멀리 치는 사람 앞에서 작아진다면, '이번 시합은 진짜 자신 있다'고 호언장담하던 선수가 유명선수와 한 조가 되었다고 움츠러든다면, 언더파를 자신한다는 선수가 OB 한 방에 무너진다면, 날고 긴다는 아마추어 골퍼가 프로에게 작아지고, 프로가 스타선수에게 작아진다면, 제 아무리 자신감 있는 골프를 한다 하여도 이것들은 모두 가짜 자신감이다.

뿌리가 없는 자신감은 언제든지 날아갈 수 있다. 이러한 가짜 자신감은 항상 열등감을 업고 다닌다. 자신보다 우월한 존재에 작아진다면 그것이 바로 열등감을 느끼는 것이다. 뿌리 없는 자신감, 말로는 얼마든지 할 수 있다. 그대의 경험은 어떠한가? 매 시합에 자신감이 있는가? 자신감이 있다면 만족할 만한 성적을 거두어야 할 터인데, 만족하는 시합을 얼마나 하고 있는가? 이 물음에 시원치 않은 대답이라면 그대가 말하는 자신감은 뿌리 없는 가짜일 수도 있다.

그 뿌리에 해당하는 것이 바로 자존감이다. 내가 이야기하는 '가슴으로 느끼는 자신감' 그것이 진짜 자신감이다. '우승 마인드'의 일부이기도 하다. 이렇게 뿌리가 튼튼한 자신감은 남의 시선 따위에는 아랑곳하지 않는다. 남의 평가에도 전혀 신경 쓰지 않는다. 설령 모자란다 하여도 누구에게도 뒤처질 아무런 이유가 없다는 생각으로 배우기만한다면 더 잘할 수 있다는 믿음이 항상 존재한다.

나 자신을 존중하고 사랑하는 마음이기에 나보다 우월한 존재와 맞닥뜨려도 '너는 너고 나는 나다!'라는 평등적 지위를 스스로 가질 수있다. 기본적으로 비교의 대상으로 인식하지 않는 것이다. 이것은 자아성찰을 통하여 얻을 수 있는 철학적 사고이기도 하다. 인간은 모든 동물과 마찬가지로 먹고, 자고, 싸고, 흙에서 와서 흙으로 돌아가는, 그저 살기 위해 발버둥 치는 대수롭지 않은 자연물이라는 사실을 인식한다면, 누가 누구보다 우월하다는 것은 한낱 일장춘몽에 지나지 않는다.

언젠가 개그맨 김제동 씨의 강연이 기억난다. 청중이 물어보기를,

"김제동 씨는 많은 사람을 만나는데 유명 인사나 정치인을 만나면 긴장되지 않나요?"

"내가 왜? 내가 그들에게 바라는 것이 없는데 내가 왜 긴장을 합니까? 오히려 투표권이 있는 나에게 그들이 긴장을 해야지! 내가 갑인데. 하하!"

자신감이 충만한 사람의 모습은 K팝스타 오디션 프로그램의 참가자에게서도 찾아볼 수 있다. 소울풀(soulful)한 노래를 준비한 16살의 한 소녀가 노래가 시작되기 전 야릇한 눈빛을 비추며 심사위원들의 이목을 사로잡는다. 자신만의 감정에 몰입하는 순간이다. 노래를 마친 후 심사위원의 심사평을 들어보자.

심사위원 1 _ 일단 춤은 굉장히 못 추셨고요. 근데 저는 되게 맘에 들어요. 이하이 씨가 노래할 때도 춤출 때도 자신감 있는 표정과 건방진 제스처들이요. 굉장히 떨릴 텐데, 저희 가수들한테도 제가 늘 요구하는 것이 '무대 위에 올라갔을 때만큼은 못돼져라.' 수천수만 명의 대중들이 보고 있고, 그 수천수만을 아우를 수 있는 아우라가 필요한데 그건 곧 자신감이거든요. 이하이 씨의 그런 모습이 굉장히 좋게 보였어요.

이 소녀는 이어지는 다음 무대에서도 자신의 꾸밈없는 매력을 발산한다.

참가자 _ (살짝 건들건들 하면서 심사위원들 앞으로 들어온다) 안녕하세요. 부천에서 온 이하이입니다.

심사위원 1 _ (옆에 심사위원에게 묻는다) 걸어 들어올 때 너무 소울풀하지 않니? 뭔가 굳이 '나는 당신들한테 잘 보일 필요 없다!' 이런 거 너무 좋은 거 같아. (참가자에게 묻는다) 아, 나쁜 뜻이 아니라 진짜 지금 많이 떨려요? 안 떨려요?

참가자 _ 좀 많이 떨려요.

심사위원 1 _ 아, 진짜? 우와 진짜 티 안 난다.

심사위원 2 _ 되게 여유 있어 보여요. 이런 오디션 한 50번 이상은 본 분 같아요.

심사위원 1 _ '나의 음악을 당신들이 이해하든 말든 별로 상관없다.'

심사위원 2 _ (어깨를 우쭐우쭐하며 흉내 낸다) JYP가 뭐. (대수야?)

심사위원 1 _ 너 JYP? 나 이하이! 이런 느낌?

이 소녀는 시종일관 심사위원들 앞에서 당당한 모습으로 자신의 능력을 선보였다. 그리고 수만 명 이상이 참가한 오디션에서 당당히 2위를 차지하며 가수 데뷔에 성공하였다.

'나는 당신들한테 잘 보일 필요 없다!', '나의 음악을 당신들이 이해하든 말든 별로 상관없다.' 이 소녀의 당당한 모습을 본 심사위원들은 이렇게 느끼고 있었다. 그대가 첫 티샷이 긴장된다면 이와 같은 생각으로 티잉그라운드를 압도해보자. 오히려 상대를 긴장시킬 수도 있다. 상대의 시선에서 자유로울 때 자신의 능력을 백분 발휘할 수 있는 것이다. 이것이 자존감의 보이지 않는 힘이다.

004

자존감과 자존심의 관계

자존감과 자신감은 이 정도로 정리를 해보고, 이번에는 자존심에 대해서 살펴보도록 하자. 자존심(自尊心)과 자존감(自尊感), 글자 하나가 다르긴 하지만 그 의미에 있어서는 비슷한 점이 있다. 한자의 의미를 살펴보자면 '스스로 존중한다'는 의미에서는 공통점을 지니고 있다. 그러나 심(心)과 감(感)의 차이는 분명히 존재한다.

자존심의 사전적 의미는 '남에게 굽히지 아니하고 자신의 품위를 스스로 지키는 마음'이라 정의된다. 이러한 사전적 의미를 좀 더 심화시켜 보자면 '남에게 굽히지 아니하고'에 주목할 필요가 있다. 스스로 존중을 하긴 하는데 남에게 굽히지 않는 조건이 붙는 것이다. 이 조건에 대한 속사정은 '남에게 존중 받고자 하는 열망'이 있는 마음의 상태를 보면 된다. 따라서 '자존심을 건드린다'는 표현은 상대로부터 무시를 당했을 때 쉽게 느끼는 감정으로써 '나도 그만큼의 능력이 있다'는 점을 인정받고 싶은 바람이다. 또한 그것을 표현하고 싶은 욕구라 할 수 있다. 보통은 얼굴을 일그러뜨리고 인상을 쓰면서 표현한다.

여기에는 중요한 시사점 하나가 있다. 자존심은 '다른 사람이 나를 보는 관점'이고, 자존감은 '내가 나를 보는 관점'이라는 것이다. 따라서 자존감이 높은 사람은 타인의 시선, 혹은 타인의 평가에 관심을 두지 않고 자존심 또한 세우지 않는다. 자존심이라는 말 자체가 의미 없는 것이다. 반면 자존감이 낮은 사람은 매사에 타인의 시선으로부터 자유롭지 않기 때문에 불필요한 순간에도 자존심을 드러낸다. 특히 자존심이 세다고 하는 사람은 남의 시선에 민감하게 반응하며 상대가 나를 어떻게 평가하는가에 더욱 관심을 갖게 된다.

이렇게 자존감과 자존심, 한 글자 차이에 있는 상호관계를 정리해 보면, 기본적으로 자존심은 자존감과는 별개로 존재하기도 하지만 대체적으로는 반비례적인 관계에 있다고 보는 것이 타당하다. '너는 자존심도 없냐?'는 냉소적 물음에 '어, 나는 그런 거 상관 안 해!'라고 대답하는 사람은 자존감이 높은 사람일 가능성이 크다.

골프 경기에서도 자존심이 상하는 상황은 얼마든지 있다. 내 드라이버보다 상대의 3번 우드 티샷이 더 멀리 나가는 경우, 나보다 뒤에서 친 사람의 세컨 샷이 나보다 더 가까이 깃대에 붙는 경우, 상대는 쓰리 온 원퍼트로 간신히 파를 해냈는데 나는 더 가까이 붙여 놓고 쓰리퍼팅(보기)을 한 경우, 나는 비싼 돈 들여가며 레슨을 받아도 맨날 퍼덕대는데 저 놈은 레슨 없이도 잘만 치는 경우, 내기골프에서 핸디 줘놓고 오히려 더 잃은 경우, 프로 선수가 아마추어 선수에게 지는 경

골프, 마음의 게임

우, 골프를 나보다 늦게 시작한 사람이 내 실력을 추월한 경우 등등.

이런 일은 누구나 한 번쯤은 겪어봤을 만한 상황이다. 이런 상황 자체가 자존심이 상하는 상황은 아니다. 단지 멋쩍고 민망할 뿐이다. 이런 상황을 다음의 세 가지 경우로 살펴보자.

첫 번째, 누구 하나 뭐라 하지 않아도 자존심이 상하는 사람
→ 흥분하거나 화를 내기도 한다.

두 번째, 속을 긁는 말에 반응하여 자존심이 상하는 사람
→ 비로소 흥분하기도 한다.

세 번째, 자존심을 긁어대는 말을 아무리 해도 웃어넘기는 사람
→ 정말 내면에서부터 아무렇지 않다.

그대는 어디에 해당된다고 생각하는가?

첫 번째는 상대가 나를 '안 좋게 평가할 것이다', '나를 비난할 것이다'라는 왜곡된 의식을 가지고 있는 사람이다. 자존감이 낮은 사람이다. 상대가 전혀 그렇게 생각하지 않음에도 이를 인지하지 못하고 혼자서만 G-Ral하는 경우이다. 아마추어에게 졌다고 해서 '나를 뭐라 생각할까?' 고민하고, 체면이 구겨졌다는 생각에 공연히 성질만 낸다. 시

종일관 핑곗거리만 만들어낸다.

두 번째는 상대로부터 자극이 될 만한 이야기를 들었을 때 비로소 반응하는 사람이다. 상대의 말이 대부분이 농담이라는 점을 감안한다면 역시 왜곡된 의식에서 자유로울 수 없다. 자존감의 수준이 바닥은 아니지만 평균 이하이다. 아마추어에게 졌다고 살살 눈치만 보다가 "김 프로, 연습 좀 해야겠어!"라는 농담에 내심 의기소침하는 경우이다.

세 번째는 세상 일의 모든 경우의 수를 마음으로 받아들이는 사람이다. 자신에게 지극히 관대한 사람이다. "김 프로! 프로가 그따구로 쳐서 되겠어? 프로는 뭐, 개나 소나 다 할 수 있는가 보지? 프로 자격증 반납해야겠어!" 정도의 심한 농담에도 아랑곳하지 않는다. 이렇게 상대가 아무리 자존심을 긁더라도 다른 사람의 평가 따위는 웃음의 소재로 승화시킨다. 조심해라! 이렇게 자존감이 높은 사람 앞에서 자꾸 깐죽대다간 한 대 처맞을 수도 있다.

자존감, 자신감, 자존심, 이렇게 세 가지 마음의 상태에 대해서 알아보았다. 어떤가. 감이 좀 잡히는가? 이 세 가지를 온전히 파악한 후, 머리가 아닌 가슴으로 느끼고 나의 마음에서 헤아릴 수 있다면 그것은 마치 우주를 이해하는 일과도 같다. 이 모든 것은 바로 나를 사랑하는 자존감에서 출발한다. 결국 이러한 마음은 기술이든 심리든 그리고 세상만사 무슨 일이든 모두를 이해할 수 있게 만든다.

005

소중한 나, 가치 있는 나

자존감이 있다는 것 혹은 자존감이 회복된다는 것은 '있는 그대로의 나', '항상 그러한 내 마음'을 발견하는 일이다. 이것은 우주라는 무한한 공간과 언제부터 시작됐을지 모를 시간이라는 관계 속에 항상 그러한 나의 참 모습을 관조하는 일이다. 불가에서는 견성성불(見性成佛)이라 해서 인간이 본성을 깨우치면 누구나 부처가 될 수 있다고 설파한다. 자존감이 있다는 것은 어쩌면 부처가 되는 일인지도 모르겠다.

중요한 사실은 이렇게 '있는 그대로의 나'를 발견하게 되면 '있는 그대로의 세상'이 보이게 된다는 점이다. 인간의 마음이 소우주라, 마음을 깨치면 곧 대우주를 깨치는 이치이기도 하다. 이렇게 깨달음의 경지에 오른다면 세상을 옳게 바라볼 수 있는 통찰력이 생길 뿐만 아니라 세상의 온갖 껍데기와 허울에 맞설 수 있는 용기가 샘솟는다. 여기에는 가식이란 있을 수 없고 위선이란 절대 없다. 그야말로 물안개 자욱한 대양으로 떨어지는 한 줄기 빗방울처럼, 자연의 흐름에 선뜻 내 몸을 던질 수 있게 되는 것이다. 집착과 욕심이 없는 무욕무념의 상태가 바로 이러한 삶이고, 자연에 순응하며 살아간다는 것이 이와 같은 삶이다.

'있는 그대로의 나', '항상 그러한 내 마음'은 포장되지 않고 과장되지 않는 '나'다. 또한 숨기지 아니하고 거짓이 없는 '나'다. 투명하고 솔직한 삶은 '있는 그대로의 나'에 대한 존중이며 사랑이다. 한 마디로 이러한 삶을 산다는 것은 흔히 이야기하는 '생긴 대로', '내키는 대로' 사는 삶이다. 좀 더 유식한 말로는 '개성 있게' 산다는 말이기도 하다. 이 개성이라는 말은 '다른 사람과 구별되는 고유의 특성'이라고 정의된다. 고유한 특성, 본래 가지고 있는 특유한 성질, 이것이 바로 나를 세상에 유일한 존재로 만든다.

그대가 무엇을 하든 가능한 한 '나답게'를 고집한다면 그것은 세계 유일의 것이 된다. 이 책 또한 가능한 '나답게' 쓰는 것으로 나는 이 책이 세계 유일의 책이라는 사실을 믿어 의심치 않는다. 틀림없는 사실이다.

생각해 보자. 이 세상에 유일한 존재는 어떤 것들이 있는가? 태양, 달, 지구, 우리 아빠, 우리 엄마, 내 아들, 내 딸, 남대문, 석굴암, 다보탑 등등 소중하지 않은 것이 있는가? 어느 누구에게든 '마음 속에 국보 1호'가 아닌 것이 없다. 이제 그대에게 묻노니, 그대 자신은 어떠한가? 이 세상에 소중한 존재로서 숨 쉬고 있다고 생각하는가?

가족관계에서의 소중함은 이루 말할 것도 없지만 진짜 소중함을 깨우치기 위해서는 세상 안에서, 군중 안에서 나의 소중함을 깨달아야한다. 그대는 이 사회의 구성원으로서 그 역할이 크다. 단지 느끼지 못할 뿐이다. 이 사회는 구성원 하나하나가 모인 집합체이기에 국가든 학교든 회사든 어디에 있든 '너'가 있고 '나'가 있으니 '우리'가 있는 것이다. 그대는 존재만으로도 소중하다.

조직이 그 존재 하나하나를 소중히 여기지 않으면 그 조직은 죽은 조직과 같다. 하찮다 하여 구성원을 홀대하는 행태는 불행을 조장하고 언제고 떠날 생각만 하게 만들기 때문이다. 곧 생명이 다할 시한부 조직이 되는 것이다. 가정을 외면하는 사람들을 생각해보라. 엄마든 아빠든 아이든 서로에게 소중한 대우를 받지 못하면 집을 뛰쳐나간다. 국가를 떠나는 이민자를 생각해보라. 무슨 이유든 국가로부터의 상처, 부당함, 아쉬움이 있기에 이 나라를 떠나려고 결심했으리라. 이 것은 각각의 구성원들이 조직으로부터 소중한 대우를 받기 원하는 반 증이기도 하다.

그대는 이 사실을 아는가? 나 자신의 내면에는 누구한테나 소중한 존재이고 싶은 욕구가 있다. 다시 말해 무의식에 있는 '나'는 누구에게나 그 존재감을 피력하고 싶은 것이다. 미국의 심리학자 매슬로우(Maslow)도 5단계 욕구이론으로 이것을 주창하지 않았는가? 어찌 이 것을 깨닫지 못하는가?

그대는 또한 자연 안에서 '나'의 소중함을 깨달아야 한다. 그대는 이 자연의 구성원으로서 그 역할이 크다. 단지 느끼지 못할 뿐이다. 자연은 에너지의 흐름과 물질의 순환으로 지속, 유지가 가능하다. 이것은 생태계라는 시스템으로 동식물의 생명활동이 이를 가능케 한다. 그대는 그 구성원이라는 존재만으로도 소중하다.

　자연 생태계는 먹이사슬이란 도식화된 구조 속에 먹고 먹히는 생존경쟁의 현장이다. 생산자, 소비자, 분해자의 역할 분담이 이 생태계를 유지시키고 있는 것이다. 그러나 호랑이가 사람을 잡아먹는다고 해서 호랑이를 모두 없애고, 뱀이 징그럽다고 해서 뱀을 모두 없애고, 모기가 해롭다고 해서 모기를 모두 없앤다면 이 생태계는 곧 큰 혼란이 야기될 것이다. 이러한 체제의 균형과 조화에는 그 중심이 아닌 것이 없다. 그래서 신은 모든 생명의 유전자에 생존본능과 번식본능을 가슴 깊이 꽂아 놓았으리라.

　그대는 이 사실을 아는가? 그대는 생태계의 중심에서 에너지의 흐름과 물질의 순환에 지금 이 순간에도 일조하고 있는 중이다. 숨을 들이마시고 내쉬고 있는 것조차 그러한 중대한 일인 것이다. 이 시스템의 구성원으로서 체제 유지의 역할을 다하고 있으니 이 어찌 소중하지 않겠는가? 이제부터라도 소중한 '나' 자신을 부디 존중하고 사랑하기를 바란다.

내 안의 나! 진정한 나를 찾아서

그대는 이제 '소중한 나'의 이유를 찾았는가?
그것을 찾았다면 이제부터는 자신의 '마음 지도'를 그려보자.

'무의식에 있는 나', '진정한 나',
'있는 그대로의 나', '항상 그러한 내 마음'을 찾아
감동의 바다로 떠나보자.

001

감정의 발산이 '나'를 만든다

희노애락애오욕(喜怒哀樂愛惡欲)이라. 공자의 『예기(禮記)』에는 '칠정(七情)'이라 부르는 사람의 일곱 가지 감정이 나온다. 기쁨, 화냄, 슬픔, 즐거움, 사랑, 미움, 욕망이 그것이다. 사람은 이렇게 감정의 발산으로 개성을 만들고 고유한 존재로 특화된다. 반대로 기쁜 일에 기뻐하지 못하고 화나는 일에 화내지 못하고 슬픈 일에 슬퍼하지 못한다면 마음은 병이 들기 마련이다. 또한 즐거워하고, 사랑하고, 미워하는 일에 소극적이 된다면 스스로 살아있음을 외면하는 것과 같다. 그리고 욕망, 인간의 모든 불안은 하고자 하는 것을 하지 못할 때 야기된다.

이와 같이 사람의 '감정 표현'이라는 것은 매한가지 생명활동이라는 범주에서 마음의 호흡이라고 할 수 있다. 가슴에 답답함을 느끼는 사람, 우울증에 시달리는 사람, 강박증에 괴로워하는 사람 등은 하나같이 마음의 숨을 쉬지 못하기 때문이다. 감정이라는 것은 '나'를 표현하는 수단이면서 살아 숨 쉬는 또 다른 '나'라고 할 수 있다. 이런 나의 감정을 이해할 수 있다면 상대방의 감정 역시 소중한 생명활동으로 이해할 수 있게 된다. 소통이라는 것은 이렇게 상대의 감정을 존중하고 또한 그것을 수용하는 일부터 시작된다. 기쁜 일에 같이 기뻐해주고, 슬픈 일에 함께 슬퍼하며, 화나는 일에도 한편이 되어 준다. 이렇게 상대의 마음속에 들어가 마치 내 일인 양 감정을 발산해본다면 이것이 바로 마음의 교감이며 소통의 시작이다.

나의 학생 민정이는 감정표현과 의사표현이 미숙하여 대인관계에서 종종 마찰이 생기곤 하였다. 경기력 또한 기복이 심했고 이렇다 할 성적을 내지 못하는 B급 여자선수였다. 이런 민정이의 낮은 자존감을 직감한 나는 정기적인 상담을 제안했다.

민정이는 자신의 생각을 털어놓았다. '나는 내가 싫다'는 생각과 '화가 나면 말을 안 하고 상대를 안 하면 그만이다', '안 보면 된다'라는 생각을 가지고 있었다. 마음의 문이 닫혀있는 민정이는 친구들도 많이 사귈 수 없었고 가슴이 답답하다며 우울해했다. 낮은 자존감의 증거들을 찾아낸 나는 지속적인 상담을 통해 자존감의 상처가 된 원인을 분석하였다. 그 원인에는 중학교 시절에 친구들로부터 당한 배신과 외면 그리고 엄마로부터의 깊은 소외감이 있었다. '엄마 딸!'이라는 표현이 상상이 안 될 정도라고 했다. 매년 수많은 시합을 엄마와 같이 다님에도 불구하고 모정이 메말라 있었던 것이었다. 상담을 하는 동안 나는 자존감에 피를 흘렸던 나의 어린 시절 아버지의 모습이 떠올랐다. 소중한 존재로 사랑받지 못한 민정이의 마음을 가슴 속 깊이 헤아릴 수 있었다. 과연 사랑을 받지 못한 결과일까? 그보다 방법이 문제였으리라. 가슴 아픈 이야기에 민정이도 울고 나도 눈시울이 붉어졌다.

그 후 민정이의 자존감 회복을 시도했다. 우선 단점만 인식하고 있는 '의식 속의 나'에서 장점이 가득한 '무의식의 나'를 일깨워 주기로 했다. 그리고 '무능한 나'로 인식할 수밖에 없었던 엄마의 습관적인 지적질에 대한 진상파악과 더불어 엄마와의 상담도 같이 진행하였다. 민정이는 사실 장점이 많은 아이였다. 이 사실을 알려주고 증명해주었다.

"선생님이 보는 민정이의 장점은 논리적인 사고를 가지고 있고, 진실하고 거짓말을 안 해. 그리고 남들보다 근성이 있고, 운동도 열심히 하고, 성격도 차분하고 골프를 잘할 수 있는 요소들이 많아."

이렇게 말로만 해서 알아들으면 어느 누가 불행한 삶을 살겠는가? 그래서 주변사람들이 민정이를 어떻게 바라보고 있는지 알아보았다. 친한 친구와 선후배 5명에게 민정이의 장점과 단점을 물어본 것이다. 그 결과 이 5명의 의견이 상당부분 일치하였다. 민정이는 자신도 몰랐던 스스로의 모습을 새롭게 관찰하였다. 이 뿐만 아니라 여러 가지 시도를 통해 '자기객관화'를 진행하였으며 자신의 모습이 한 꺼풀 한 꺼풀 벗겨질 때마다 놀라움을 금치 못했다.

그리고 '화'에 대한 감정코칭을 병행했다. 민정이는 화가 나는 일에 되도록 화를 내지 않으려는 생각을 가지고 있었다. 상황에 대한 적극적인 대처보다 오히려 입을 닫고 회피하려는 모습이었다. 이것이 그 상황에서 최선이라는 생각은 늘 상대와의 소통을 단절시켰고, 상대에게 쓸데없는 오해를 불러일으키기도 했다. 이러한 관계적 측면의 미숙함은 마음의 병을 키우는 결과를 가져왔고 외로움을 가중시켰다. 심리적 기전을 알 리 없는 민정이의 마음은 계속해서 억압되어졌고 급기야 한꺼번에 폭발하는 성향을 보이기도 했다.

사람의 '화'라는 감정은 상대로부터의 모욕, 수모, 무시, 인격침해와 같은 자기존엄을 해치는 것에 대한 방어수단이며 그러한 정서적 공격에 대한 반응이라 할 수 있다. 이는 인식에 의한 이성적 판단이라기보다 '항상 그러한 내 마음', '무의식의 나'가 취하는 본능적 적응이자 방어기제이다. 쉽게 말해 '화를 내야지!' 하고 본인의 의지로 화를 내는 것이 아니고 의지와 상관없이 일어나는 마음의 요동이라는 것이다. 이렇게 감정이라는 것은 본능의 지배하에 있는데 동물이라고 해서 예외는 아니다. 가만히 앉아 있는 진돗개의 뒤통수를 냅다 한 대 쳐보자. 정서적 공격에 대한 반응이 어떻게 일어나는지 몸소 체험해 본다면 '화'라는 감정은 지극히 자연발생적인 사건임을 알 수 있다. 그리고 다시는 섣불리 건드릴 생각을 안 할 것이 분명하다.

따라서 화가 나면 화가 났다고 표현을 해야 한다. 인간사회에서는 방법의 적절성을 고려해봐야 하겠지만 나의 심리적 반응을 상대에게 알려야 하는 목적에는 변함이 없다. '내가 지금 화가 나 있으니 더 이상 안 그랬으면 좋겠다'라는 식의 어떠한 표현이든 해야 한다는 것이다. 꽉 물어버리든, 인상을 쓰든, 좋은 말로 하든 표현의 방법은 자유롭게, 상대방에 대한 나의 마음상태를 인지시키는 것이 관건이다. 그래야 비로소 상대방은 더 이상 나를 건들려 하지 않을 것이다.

민정이는 또한 감정뿐만 아니라 일상적인 의사표현에도 적극적이지 못하여 오해를 불러일으키는 일이 종종 있었다. 고마운 일, 미안한 일, 서운한 일 등에 대하여 본의 아니게 말을 아끼는 바람에 자신의 마음을 상대에게 온전히 전달하지 못한 것이다. 이는 말을 안 해도 상대가 그렇게 알아주겠거니 하는 혼자만의 기대에서 비롯된 것인데 모든 상대가 그렇게 기대에 따라주지는 않는다는 점에서 오해가 발생하게 된다. 이러한 의사소통의 원리를 이해하는 것도 자기객관화의 범주 안에서 이루어질 수 있는 사안이다.

민정이는 이렇게 '무의식의 나'를 만나고 감정코칭을 받으면서 서서히 진정한 나를 찾아갔다. 그리고 어느 날엔가 민정이는 반가운 얼굴로 날 다시 찾아왔고, 한 마디 말로써 나에게 큰 행복을 주었다.

"선생님~. 이제 숨을 쉴 수 있을 것 같아요. 100번이나 시합을 나갔어도 항상 예민해졌었는데 이번 시합에서는 첫 홀부터 보기, 더블보기를 해도 화가 나지 않았어요."

그리고 몇 달 뒤, 민정이는 시합에서 우승 소식을 전해주었다.

002

'싫다'는 말을 왜 못하는가?

'싫다'는 말은 마음의 불편함 혹은 부담감을 갖지 않으려는 의지의 표현이다. 그러나 이러한 의지가 있음에도 불구하고 그것을 표현하지 못한다면 그 '마음의 짐'은 고스란히 자신의 몫으로 남게 된다. 원치 않는 호의, 부담스러운 부탁에 그대는 어떠한 기준으로 대응하는가?

인간관계에 있어서 원활한 소통을 가능케 하는 것은 상대방의 말에 귀를 기울이는 마음이다. 그러나 귀를 기울인다고 해서 그것이 소통의 전부는 아니다. 여기에는 정도의 문제가 존재한다. 내가 상대에게 귀를 기울인 만큼 상대도 내 말에 귀를 기울였느냐의 문제를 생각해 봐야 한다는 것이다. 이는 상호 의사소통에 밸런스를 이루고 있느냐의 문제로 볼 수도 있다. 귀를 기울임에 있어 그 균형이 상대에게 치우쳐 있다면 나는 말이 많은 사람으로 인식되면서 듣는 것을 잘할 줄 모르는 사람이 된다. 반면 균형이 나에게 치우쳐 있다면 나는 말이 없는 사람이면서 자칫 내 할 말도 제대로 못하는 사람으로 평가 받을 수도

클루, 마음의 게임

있다.

상대의 부탁에 대응하는 일도 이와 같은 균형의 문제로 생각해 볼 수 있다. 이해관계가 얽혀 있는 관계에서는 그 균형의 유지가 힘들겠지만, 사실 모든 인간관계는 균형을 전제로 이루어져야 한다. 그 균형을 유지하려는 심리적 근간이 바로 자존감인데 균형을 깨트리는 것 또한 자존감에서 비롯된다. 높은 자존감과 낮은 자존감은 이렇게 작용되어진다.

낮은 자존감의 대표적 사례는 '좋은(착한) 사람 콤플렉스'를 지니고 있는 사람들에게서 볼 수 있다. 이런 사람들은 '화'내는 것을 좋지 않은 것으로 생각하면서 모든 사람과의 원만한 관계를 갈망한다. 또한 상대의 불편함이 항상 마음의 가시가 되어 자신이 희생을 당연한 듯 여긴다. 이러한 사람들이 바로 상대의 부탁에 쩔쩔매고 원치 않는 호의에도 거절을 힘들어 한다. 한 마디로 '싫다'는 말을 못하는 것이다. 결국 이 부담감은 고스란히 '마음의 짐'이 되면서 우울감으로 발전한다. 그리고 항상 때늦은 후회만 일삼는다. 자존감이 넘치는 사람이 이런 사람을 바라본다면 아마도 답답해 죽을 것이다. 전혀 그럴 필요가 없는 문제에서 스스로 균형을 깨고자 하는 모습이 안타까운 것이다.

그 '마음의 짐'은 억압된 감정으로 생각보다 후폭풍이 크게 나타난다. 분노와 함께 녹아 있는 것이라면 언제 터질지 모르는 시한폭탄이 되기 때문이다. 문제는 이러한 시한폭탄이 자신의 잠재의식 속에 머물러 있다는 사실을 까마득히 모른다는 것인데, 이것은 즉 '무의식에 있는 나'가 고통 속에 신음하고 있음을 못 느끼는 것이다. 그 폭탄이 터질 때쯤이면 사소한 일에도 예민하게 반응하기 시작한다. 만약 심리적 압박이 크게 작용하는 중요한 일에 직면해 있다면 머지않아 도화선에 불이 붙을 것이다. 극도로 예민한 심리상태는 이렇게 만들어진다. 그 원인을 알 리 없는 '무의식에 있는 나'는 결국 충동적 행동으로 이어지고 마음의 갈피를 잡지 못하고 방황한다.

범수는 자존감에 약간의 상처가 있는 나의 학생이다. 이 선수는 아마추어 및 프로의 큰 대회에서 우승까지 맛본 A급 남자선수이다. 이 선수 역시 '무의식에 있는 나'를 느끼지 못하는 심리적 장애를 겪으면서 성장통을 앓고 있었다. 나는 정기적인 상담을 제안하였고 범수는 이에 응하였다. 이렇게 A급의 우수선수가 제 발로 심리상담에 임하기는 정말 쉽지 않다. 그러나 진실로 마음의 소통을 시도하였고 어느 순간부터 나의 말을 신뢰하기 시작했다.

그러던 중 범수는 중요한 시합을 치르기 위해 시합 1주일 전 아버지와 함께 해외로 떠났다. 마침 시합이 열리는 현지에는 아버지의 지인이 살고 있었다. 범수는 그 분으로부터 연습라운드 부킹 및 호텔 예약 등 여러 가지 도움을 받았다. 공항에 도착하자마자 호텔로 향한 범수는 시차로 인한 피로 때문에 쉬고 싶은 마음뿐이었지만, 짐을 풀자마자 원하지 않는 연습라운드를 나가게 되었다. 아버지와 그 지인이 사전에 라운드 약속을 한 것이다. 범수 역시 여러 가지 도움을 받은 터라 자신과의 라운드를 기대하고 있던 그 지인의 부탁을 차마 거절할 수가 없었다. 범수는 지친 몸을 이끌고 힘겨운 라운드를 하였고 컨디션은 엉망이 되어버렸다.

일은 여기서 끝나지 않았다. 그 지인께서 소고기를 준비했으니 집에 가서 저녁을 먹자고 제안을 한 것이다. 범수는 좋지 않은 컨디션에 빨리 가서 쉬고 싶었지만 사려 깊은 호의를 또 다시 거절할 수 없었고, 결국 그 집으로 향하고 말았다. 진수성찬과 같은 저녁식사를 대접받았지만 컨디션이 좋지 않아 소고기고 뭐고 목으로 넘어가질 않았다. 그러나 범수는 정성스레 차려준 음식을 외면할 수가 없었다. 조금이라도 먹지 않으면 실례가 될 것 같은 생각이 들었던 것이다. 범수는 썩 내키지 않는 고기를 억지로 먹을 수밖에 없었다.

문제는 여기서부터 시작되었다. 탈이 난 것이다. 밤새 식은땀을 흘리고 잠도 제대로 못자서 컨디션은 더욱 안 좋아졌다. 급기야 연습을 못하는 상황까지 벌어지고 말았다. 중요한 시합을 앞둔 터라 마음은 점점 무거워져 갔고, 3일이 지나서야 컨디션을 회복할 수 있었다. 그나마 간신히 시합이 시작되기 전, 두 번의 연습라운드를 할 수 있었다.

본 시합에 들어가서는 예상외로 순조로운 출발을 하였다. 첫 라운드에 5언더를 친 것이다. 그러나 이틀째부터 실수가 나오기 시작했다. 점점 실수가 잦아지자 초조해진 범수는 실수의 원인이 연습을 제대로 하지 못해서라고 생각했다. 그리고 썩 좋지 않은 몸 상태도 원망스러워 했다. 범수는 점점 예민해지기 시작했다. 결국 스스로의 감정을 이

겨내지 못하였고 충동적인 행동으로까지 이어졌다. 실수가 나올 때마다 클럽을 땅에 찍어대기 시작한 것이다. 캐디로 나선 아버지의 말씀으로는 범수가 그렇게 흥분한 것은 중학교 때 이후로 처음이라고 했다. 다음 날에도 게임은 점점 어려워져 갔고 범수는 완전히 제 페이스를 잃어버렸다. 그리고 바닥에 가까운 성적을 낸 뒤 귀국길에 올랐다.

나는 범수와 마주 앉았다.

"선생님 제가 왜 그렇게 흥분이 됐는지 모르겠어요. 배탈이 나서 컨디션이 안 좋았지만 회복이 됐었거든요. 이틀 밖에 라운드를 못하긴 했지만 그런대로 괜찮았고요. 점수도 잘 나왔는데 실수가 한 번씩 나오기 시작하더니, 그렇게 열 받기는 처음이었어요."

"그래, 범수야. 문제를 하나씩 짚어나가 보자. 공항에 도착하고 짐 풀고 그렇게 바로 연습라운드를 하고 싶었어?"

"아니요. 안 하고 싶었죠. 시차 때문에 빨리 쉬고 싶었는데 그 아저씨한테 도움을 많이 받아서 거절할 수가 없었어요. 미리 약속을 한 거여서요."

"그렇게 힘든 라운드였으면 빨리 가서 쉬었어야지."

"저는 정말 그러고 싶었는데, 그 아저씨가 라운드 같이 해줘서 고맙다면서 식사대접을 하시겠다는 거예요. 참 거절하기가 힘들더라고요. 아빠도 그랬고요."

"그리고 먹고 싶지 않은 고기는 왜 그렇게 먹었어? 속도 안 좋았다면서."

"그러게요. 그런데 하나도 안 먹으면 그렇잖아요. 저 때문에 차려놨는데 어쩔 수 없이 먹었죠. 그렇게 탈날 줄은 꿈에도 몰랐고요."

"범수야! 내가 네 이야기를 들어보니까 잘못한 게 있구나. 거절하고 싶은 것이 있으면 당당하게 거절을 해야 하는데 그렇게 못 한 거야. 단지 미안하다는 이유 하나 때문에 말이야. 중요한 시합을 치르기 위해 그렇게 멀리까지 갔으면 정작 컨디션 조절을 위해 신경 써야 했는데 그러질 못했어. 그렇게 된 이유가 뭐라고 생각하니?"

"그냥, 거절하기가 미안하니까 그랬죠. 도움을 많이 받아서 거절할 수가 없었어요."

"범수야, 선생님은 그렇게 생각 안 해. 거절을 못했던 진짜 이유는 너의 무의식에 두려움이 있었기 때문이야. 그걸 피하고 싶었던 거지."

"무슨 두려움이요?"

"그렇게 라운드 약속을 취소해버리면 그 아저씨가 너를 안 좋게 생각할 거라는 두려움이지. 더군다나 사전에 약속한 것이라서 더욱 그랬을 거야. 골프에서 라운드 약속은 중요하니까. 그런데 시합을 앞둔 상황이라면 '오늘은 컨디션이 너무 안 좋으니 오늘 라운드는 쉬고 내일 하겠다'고 이야기할 수 있었어야 해. 범수 네가 생각을 못한 부분은 그렇게 취소를 했어도 그분이 널 안 좋게 생각한다거나 너에 대해 나쁜 평가를 하지 않았을 거라는 사실이야. 포인트는 그 아저씨와 같이

라운드하는 것이 중요한 일이 아니고 너의 컨디션 조절이 더 중요했다는 거야. 이 사실은 누가 들어도 인정할 수 있는 점이거든. 범수 너는 중요한 시합을 하러 갔잖아.

그리고 식사 문제도 그래. 라운드 끝나고 식사 대접을 해준다 했어도 오늘은 너무 피곤하니 내일 하자고 했었어야 하는데 또 끌려갔어. 너의 내면은 하고 싶지 않은데 계속 끌려가니까 마음이 점점 무거워지는 거지. 그리고 먹기 싫은 고기까지 먹었으니 탈이 날만도 해. 결국 네 안의 '무의식의 나'는 점점 화가 나게 된 거야. 본 시합에서는 좋은 컨디션으로 들어갔다고 생각됐지만, '무의식에 있는 나'는 컨디션이 안 좋았던 거지. 그게 실수가 나오면서 분노로 표출되었던 것이고. 그리고 '무의식에 있는 나'는 계속 외쳐대는 거야. '그때 라운드를 안 했어야 했는데', '저녁식사 대접을 받지 말고 호텔로 갔어야 했는데', '고기를 먹지 말았어야 했는데.' 하고 말이지. 좀 이해가 가니?"

"아~, 선생님 말씀을 듣고 보니 그런 거 같네요. 시합 때 그 정도로 화가 난 적은 정말 없었는데."

"그리고 그 시합이 중요한 시합이라서 욕심을 좀 낸 것도 너를 더욱 예민하게 만든 이유이기도 해."

"그런 거 같아요. 선생님."

"다음부터 그런 상황에서는 너의 내면에서 원하는 대로 해. 눈치 보지 말고, 마음의 짐이 될 것 같은 일은 애당초 만들지 않는 것이 좋아. 너에 대한 다른 사람들의 평가 따위에 신경 쓰지 마. 도덕적 범위 내에

서 네가 하고 싶은 대로 할 수 있다면, 그럼 정말 자유를 얻은 기분이
들 거야."

"네, 선생님. 감사합니다. 깊이 생각해볼게요."

그리고 범수는 사소한 대인관계에서의 문제를 지속적으로 상담하
였고, 또 하나의 국제시합을 마치고 돌아왔다. 범수는 밝은 표정으로
다시 나를 찾아왔다.

"선생님~! 시합은 그럭저럭 했는데, 다른 쪽으로 발전이 좀 있었어
요."

"그래? 무슨 발전이 있었는데?"

"제가 원래 외국에 시합 나가면 형들하고 하루에 36홀 연습을 하거
든요. 그런데 어쩔 때는 18홀 돌고 나면 하기 싫을 때가 있어요. 그래
도 중간에 나오기가 미안해서 힘들어도 그냥 같이 하거든요. 근데 이
번에도 18홀을 끝내고 바로 18홀을 나가자는데 사실 하기가 싫었어
요. 그래서 형들한테 난 그만하고 빠지겠다고 이야기를 했죠. 좀 쉬고
싶다고."

"그래, 잘했네. 하기 싫으면 안 해야지. 그래서 그 형들의 반응은 어
땠어?"

"그게 참, 제가 잘못 생각한 게 맞더라고요. '어 그래. 들어가서 쉬어
라~.' 하고 대수롭지 않게 이야기하는 거 아니겠어요? 그래서 여유 있

게 시간도 좀 갖고 쉬니까 너무 좋더라고요. 그리고 시합에 들어갔더니 공도 잘 맞고요. 라운드를 무조건 많이 하는 게 좋은 건 아니라는 생각이 처음으로 들었어요."

"그래. 좋은 경험하고 왔네. 그렇게 너의 내면에서 하는 소리를 잘 듣고 다른 사람들한테는 명분 있는 이야기를 잘 하면 너한테 절대 뭐라고 안 그럴 거야."

"네, 선생님. 이제 좀 더 편하게 골프를 할 수 있을 거 같아요. 자신감이 더 생기는 거 같아요."

이렇게 범수는 '진정한 나'를 찾아가면서 심리적 부담을 하나씩 털어내기 시작했다. 밝은 표정으로 날 찾아주는 범수는 나의 보람이 되었다. 이 순간만큼은 나 역시 환한 미소와 함께 온 세상에 아름답지 않은 것이 없음을 느낀다. 여유가 느껴지면서 삶의 향기가 느껴지는 순간이다. 그대가 이 책을 읽고 뭔가 다른 세상이 보인다면 내가 살아야 할 이유가 또 하나 생겨나는 것이다.

범수 역시 머지않아 타국에서 우승 소식을 타전하였다. 눈물 나는 감격이었다.

003

골프장에서의 내 권리

「세계인권선언」 제1조. '모든 인간은 태어날 때부터 자유로우며 누구에게나 동등한 존엄성과 권리가 있다.'

자신이 태어날 때부터 어떠한 권리가 주어지는지 궁금하다면 「세계인권선언」을 뒤져보라. 인터넷만 두들겨도 나온다. 세계 모든 곳에서 이러한 권리가 지켜지는 것은 아니지만, 어쨌든 누구에게도 침해받을 수 없는 나의 권리임은 틀림없다. 이러한 나의 소중한 권리는 대한민국 헌법 제2장에도 자세히 나와 있다.

'권리'란 어떤 일을 행하거나 타인에 대하여 당연히 요구할 수 있는 힘이나 자격을 말한다. 여기서 '당연히'라는 말에 주목해 보자. '당연히'의 사전적 의미는 '일의 앞뒤 사정을 놓고 볼 때 마땅히 그러하게'이다. 그야말로 권리를 찾는 것에 주저함이 필요치 않음을 암시하는 대목이다. 그대는 어떠한가? 권리를 찾는데 주저함이 있는가? 앞서 언급한 상대의 부탁에 대한 거절 역시 '내가 하고 싶지 않으면 안 한다'는 나의 기본적인 행복추구 권리에 기초한다. 거기에 '일의 앞뒤 사정을 놓고 볼 때 마땅히 그러한 문제'라면 한 치의 주저함이 없어야 한다.

권리는 '있는 그대로의 나', '무의식에 있는 나'가 외치는 강렬한 소리이다. 이러한 소리를 어떠한 억압에 의해 외칠 수 없다면 '무의식에 있는 나'는 소리 없이 죽어갈 것이다. 세계 곳곳에서 인권유린에 맞서 목숨을 건 사투를 벌이는 이유가 바로 여기에 있다. '무의식에 있는 나'가 외치는 마지막 절규인 것이다. 문제는 자존감이 낮으면 이와 같이 자신의 권리를 찾는 일에 소극적이 된다는 점이다. 역시 이렇게 답답한 꼬라지를 자존감이 높은 사람이 보고 있노라면, '지 인생 지가 사는 거지.' 하며 답답함을 금치 못할 것이다.

골프에서도 마찬가지이다. 골프장에서 혹시 나의 권리가 박탈당하지는 않았는지, 내면의 소리에 귀를 기울여 보라.

- 내가 칠 차례는 누구에게도 간섭받지 않아야 할 나만의 시간이다. 조급해하지 말고 여유를 갖고 하자. 행여 캐디가 진행 때문에 재촉한다면 9홀 종료시간 2시간 15분을 주장하라.
- 어드레스에 들어갔는데 상대가 소리를 낸다거나 시야에 보인다면 경고의 메시지를 보낼 수 있어야 한다. '어디 감히 어드레스 들

어갔는데 소리를 내고 그래!'라는 생각으로 말이다. 그 상대가 선배든 어른이든 코치든 갤러리든, 그 할아버지라도 상관없다.

- 알 까는 것을 목격했을 때, 룰을 위반했을 때 경고 내지는 클레임 (claim)을 걸 수 있어야 한다. 이런 것을 목격하면 여간 신경 쓰이는 게 아니다. 경기위원에게 알려 알짤 없이 실격처리를 시켜야 한다. 집중이 안 돼서 내 게임을 망칠 수 있다.

- 매너 없는 골프에도 경고의 메시지를 날려라. 그래도 여전히 제 멋대로 한다면 다음부터 절대로 같이 라운드하지 마라. 즐겁게 골프를 치고자 하는 것은 나의 온전한 권리이다.

- 가끔 시합 때 공 빌려달라는 사람이 있다. 빌려줘서 신경 쓰일 것 같으면 빌려주지 마라. 신경 쓰이고 싶지 않은 것은 그대의 권리이다. 시합 나오는 데 기본이 안 되어 있는 사람은 실격돼서 정신을 차려봐야 한다.

이러한 나의 권리에 침해를 받는다면 골프에서 가장 중요한 정신적 요소인 집중에 방해를 받게 된다. 마땅히 존중받아야 할 사안에 대하여 그러지 못했다는 아쉬움, 서운함, 억울함이 경기 내내 뇌리를 스치는 것이다. 기억하라. 이렇게 권리를 찾는 행동 역시 자존감에서 비롯된다는 사실을.

004

'나'를 비참하게 만드는 비교심리

타인과의 비교심리는 가짜 자신감을 등에 업은 열등감이다. 물론 이것 역시 시퍼렇게 멍든 자존감에서 비롯된 심리적 장애이다. 이를 극복하기 위해서는 '나'에 대한 고민부터 시작하여 전면적인 자존감 회복에 나서야 한다. 나의 존귀함을 알고 내 능력대로 하면 그뿐인 것을 굳이 타인과 나를 견주려 하고, 타인보다 우월하고자 하는 욕구는 어리석은 자충수에 불과하다는 사실을 하루 빨리 깨우쳐야 한다.

행여 나를 다른 선수와 비교하고 있지는 않은지 확인해보라. 나는 일반 선수인데 국가상비군, 국가대표 선수들이 우월해 보이는가? 나는 프로지망생인데 프로들이 우월해 보이는가? 나는 2부투어 선수인데 1부투어 선수가 우월해 보이는가? 우월해 보인다면 이미 그대는 자존감에 멍이 들어있는 것이고, 골프를 멘탈 게임으로 인식하지 못하고 있는 것이다.

한국체대의 학생들은 우리나라 최고의 엘리트 골프선수들로서 학교에 입학한다. 모두 국가대표이거나 아쉽게 국가대표에 발탁되지 못한 국가상비군 선수들이다. 그러나 이들이 모두 투어진출에 성공하지는 못한다. 어느 선수는 유망신인으로 주목받으면서 큰 기업으로부터 러브콜을 받는가 하면, 또 어느 선수는 투어에 발도 들이지 못하고 선수생활을 마감한다. 분명 고교랭킹에 우위에 있고 엇비슷한 실력으로 대학에 입학하지만 시간이 지날수록 격차가 나타나면서 다른 양상의 결과를 보이는 것이다.

아마추어 시절에는 미성숙한 불완전 인격체로서 서로 간의 실력 차에 대해 큰 의미를 두지 않았으리라. 그러나 반 사회인으로 대학에 입학한 선수들은 성장통을 겪으면서 자신의 미래 앞에 한층 진지한 태도를 보이기 시작한다. 학년이 올라갈수록 아무 생각 없이 해왔던 골프가 아닌 직업으로서의 골프, 생존 수단으로서의 골프, 내 삶에서의 골프로 깊이 있게 고민하게 되는 것이다. 이러한 고민과 함께, 싫든 좋든 같이 호흡하며 훈련했던 동료 선후배들의 성공을 보게 된다. 그러한 성공에 축하의 말 한마디 건네지 못하면서 바로 '나'와의 비교가 시작되는 것이다. 특히 자존감이 낮은 선수들은 자신의 초라한 모습에 숨어서 괴로워한다.

그대는 그대의 동료들에게 진심어린 축하의 말 한마디를 해줄 수 있는가? 만약 그렇지 않다면 그대 역시 타인과 비교하고 있는 '무의식의 나'를 부정할 수는 없으리라.

005

골프선수의 길, 진정 원하는 일인가?

우리나라의 학교 교육은 가히 획일적, 주입식, 모방적 교육의 결정판이다. 나 역시 하기 싫은 공부를 억지로 하였고 단순히 시험점수 올리기에 열을 올리는 그런 아주 더러운 시궁창 구렁텅이 꼬랑창 쓰레기 같은 교육을 받았다. 나는 지금도 한국의 교육 문제를 생각해보면 대한민국에 태어난 것이 한없이 후회스럽다.

등수를 매겨 남과 비교하는 습관을 어릴 적부터 심어주고, 정답을 하나의 선택으로 통일시켜 창조적 사고에 씨를 말리고, 체육활동을 정규 수업에서 제외시키고, 각자의 고유한 개성을 죽이는 데 혈안이 되어 있다. 왜 기억력과 계산능력만 평가하여 점수를 매기는지, 창조력, 협동심, 배려심, 사회성, 표현력, 리더십, 집중력, 도전정신 등 수많은 인간의 정신능력이 있음에도 불구하고 기억력 하나에만 목을 매는지, 학급을 우반 열반으로 나눈 것은 정말 누구의 생각에서 나왔는지 경악을 금치 못할 최고의 작품이다. 정말 가슴 아프고 슬픈 일이다. 하루 속히 제대로 된 대통령이 나와서 교육개혁이 단행되길 바랄 뿐이다.

이러한 우리나라 교육의 폐단은 열등감을 조장시키고 불필요한 소모적 경쟁을 부추기며 '있는 그대로의 나'로 성장할 수 있는 기회를 박탈시킨다. 나는 무엇에 재능이 있는지, 나는 어떤 것에 적성이 맞는지, 나는 어떤 것을 잘할 수 있는지, 학교에서는 결코 이런 것들을 알려주려고 하지 않고 오로지 공부 잘하는 것을 최고의 모범생으로 치부한다.

최근 어느 고등학생이 아파트 옥상에서 뛰어내렸다는 소식을 뉴스를 통해 전해 들었다. 전교에서 1등 하는 학생이란다. "제 머리가 심장을 갉아먹는데 이제 더 이상 못 버티겠어요"라는 말과 함께 그 아이는 아득한 곳으로 몸을 던지고 말았다. 나는 가슴 찢어지는 아픔을 느꼈다. 우리 아이들은 이렇게 1등을 함에도 불구하고 죽고 싶은 마음이 들도록 교육하는 환상적인 시스템 속에 자라고 있다. '항상 그러한 내 마음'이 원하는 바대로 살아갈 수 없기에 '무의식의 나'는 숨을 쉴 수 없었던 것이다. 의욕도 없고 의지력도 약해지고 도전정신이 희미해져, 그저 타인의 시선에 얽매여, 타인의 기대에 부응하여 우리는 도대체 무엇을 향해 어디로 가고 있는가?

나는 지금 골프선수의 길이 그대 스스로가 진정 원하는 일이었던 가? 이것을 묻고 싶은 것이다.

행여 부모님의 뜻에 따라, 혹은 친구 따라, 혹은 할 게 없어서 하지는 않는가? 그렇다면 당장 때려치우고 정말 하고 싶은 다른 일을 찾아가라. 충고하건대 그것이 그대 삶의 행복을 위해 좋을 것이다. 그러나 정작 때려치우지 못할 이유가 있다면 골프를 누구보다도 즐기고 사랑해야 한다. 이런 마음이 애당초 생기지 않는다면 내가 왜 골프를 하는지 돌이켜 생각을 해봐야 한다. 그리고 스스로 재미의 요소를 찾아야 한다. 이러한 동기 없이 골프를 한다면 단언컨대 그대의 삶은 행복하지 못할 것이다.

아무리 생각해도 골프가 나의 길이 아니라고 느껴진다면 당장 때려치워라!! 그대의 행복을 위해서.

K팝스타 오디션 프로그램은 국내뿐만 아니라 해외를 포함해 수만 명이 참가하는 큰 규모의 경연대회이다. 본선에 오른 참가자는 우선 톱10에 들어가기를 열망한다. 치열한 경쟁을 뚫고 톱10에 오르면 생방송에 출연할 수 있는 기회를 주기 때문이다. 만약 우승이라도 하게 되면 3억 원의 우승상금과 부상으로 자동차와 CF 출연기회 그리고 무엇보다도 굴지의 기획사에 들어가 가수로 즉시 데뷔할 수 있는 특전이 있다. 그야말로 한 방이고 인생역전이 아닌가? 어느 누가 이런 기회를 마다할 것인가? 그대에게 이런 기회가 온다면 어찌 하겠는가?

그런데 이렇게 꿈만 같은 기회를 마다한 참가자가 있다. 나는 지금도 그 결단에 눈물 나는 박수를 쳐주고 싶다. 톱10에 올라 생방송 진출이 확정된 그녀는 제작진의 수차례 설득에도 불구하고 마침내 결단을 내렸다. '까짓것 때려 치자!!' 무욕의 행복을 찾아가는 모습. 이 얼마나 아름다운가? 그녀의 말을 들어보자.

참가자 _ 정말로, 정말로 많이 생각을 해봤어요. 일단 다른 친구들이랑은 다른 마음이었던 거 같아요. 가볍고 뭐 장난이고 이런 게 아니라 저는 그런 쪽보다 교육 쪽(음악관련 교육자)이 되게 하고 싶었거든요. 노래를 하는 사람인데도 노래하는 게 자신이 없었어요. 항상. 그런 '자신감도 키워보자.' 해서 나온 이유도 있었어요. 나에게 그냥 '좋은 경험이 될 수 있겠지'라는 그런 마음으로 시작을 한 거였는데. 점점 이렇게 좋은 결과들이 생기고, 자꾸 올라오다 보니까 부담이 너무너무 커졌어요. 다른 친구들은 '이 기회에 가수가 되겠다.' 이렇게 절실하게 하는데, (눈물을 흘리며) 떨어지는 친구들을 이렇게 하나하나 보는 게 되게 너무……. 저보다 훨씬 절실한 친구들인데 제가 더 잘 되는 게 너무 미안하고 이건 아닌 거 같다는 생각이 자꾸 드는 거예요. (눈물을 닦으며 말을 잇는다) 최선을 다해서 열심히 해왔는데, 심적으로 부담되는 게 너무 커지고, 어쨌든 제가 결론을 냈고 후회를 하면 안 된다고 생각해요. 너무 죄송해요. 부모님이 저 때문에 많이 좋아하셨는데 마지막에 이렇게 실망시켜드리는 거 같아서 (감정이 격해 흐느끼며 말을 이어나간다) 너무 죄송해요. 제가 바라는 거는 '저럴 수도 있겠구나', '저런 사람도 있구나.' 그렇게 조금이라도 이해를 해줬으면 좋겠어요.

딸의 뜻을 존중해주기로 한 어머니는 인터뷰를 끝내고 방송국을 나서는 딸을 웃으며 안아준다. 이런 부모 밑에서 자랐기에 이렇게 큰 결단이 가능했으리라. 경제적 부, 명예, 연예인이라는 꿈. 이 모든 것이 그녀의 행복기준이 아니었음을 '있는 그대로의 나'는 소리치고 있던 것이다. '의식에 있는 나'는 그 소리에 괴로워했고 마침내 그 소리를 들었다.

행복을 찾아가는 길에 '저럴 수도 있고 저런 사람도 있구나'라고 생각해주기를 바라는 참가자의 마지막 메시지는 이 사회가 진정한 행복을 찾아가는 것에 얼마나 인색한가를 말해주는 방증이다.

006

불안의 안전구역 '집착'

어떤 것에 마음이 사로잡혀 헤어나지 못한 상태, 분별없이 탐내고 매달려 있는 상태, 우리는 이것을 '집착'이라고 이야기한다. 집착은 '무의식에 있는 나'가 불안과 두려움에 떨고 있다는 증거이다. 두렵기 때문에 헤어나지 못하고, 불안하기 때문에 매달려 있는 것이다. 이는 낮은 자존감에서 비롯된 심리적 장애이기도 하다. '무엇이든 해낼 수 있다'는 내면의 믿음이 없기 때문에 자신의 행동에 확신을 가질 수 없고, 무슨 일이든 망설이고 결단을 두려워한다.

이러한 심리상태는 각종 부정적인 심리상태를 자아내면서 매슬로우(Maslow)도 말한 바 있는 안전에 대한 욕구를 드러낸다. '무의식에 있는 나'는 혼자 있는 것을 두려워하고 어디엔가 소속되기를 희망한다. 그리하여 타인에게 의지적 성향을 보이고 누군가 나를 통제해주길 바라기도 한다. 끊임없이 안전을 갈망하는 이러한 심리상태에서 그나마 '내가 할 수 있는 일', '나의 판단이 자유로운 일', '내가 결단할 수 있는 일'들을 만나게 되면 손에서 놓을 수가 없는 것이다. 이것이 바로 집착이다. '무의식의 나'는 비로소 안전하다고 느끼기 때문이다.

게임 중독, 알코올 중독, 섹스 중독, 도박 중독 등 각종 중독들이 이러한 현상을 대변한다. 이를 극복하기 위해서는 행위 자체를 탓하기보다 근본적인 심리상태를 점검하고 이를 치료해나가야 한다. 나 역시 골프를 하면서 한동안 인터넷 게임 중독에 빠져 있었다.

밤을 새워 게임을 하고 이른 아침 즈음하여 PC방을 나선다. 그리고 대낮까지 자빠져 잔다. 생활이 정상적일 수 없고 골프가 제대로 될 리 없다. 심지어는 24시간 이상 게임을 한 적도 있다. 졸음이 몰려와 천금만금의 눈꺼풀을 들어올리기조차 버거웠지만, PC방을 나서기가 싫었다. 게임을 하고 있을 때만큼은 현실에서 맛볼 수 없는 심리적 안정감이 있기에 컴퓨터 앞을 떠나기가 두려웠던 것이다.

PC방을 나서는 순간에는 현실이라는 달갑지 않은 공기가 심장을 죄어왔다. 왠지 모르게 엄습하는 공포감과 두려움, '무의식에 있는 나'는 낭떠러지 앞에 서있던 것이다. 아파했던 과거의 나를 돌이켜보는 지금 이 순간, 나의 눈에는 하염없이 눈물이 흐른다. 나는 그 중심에 바로 낮은 자존감이 있다고 생각한다.

불안에 의한 집착 증세는 골프에서도 마찬가지다. 특히 본능적인 감을 100% 활용하지 못하고 골프를 머리로 하려 드는 선수들에게서 쉽게 나타나는 현상이다. 스윙 메커니즘에 빠져 있는 선수들이 바로 이러한 집착 증세의 대표적 사례라고 볼 수 있다. 이들은 바로 '무엇이든 해낼 수 있다'는 내면의 믿음(본능에 대한 믿음)이 없기 때문에 기술의 완벽을 꾀하고, 연구하고, 확인하고, 찍어보고, 집착하는 것이다. 이렇게라도 안 하면 그 불안과 초조감에 휩싸이고 만다. 실수라도 나온다면 더욱 세밀한 분석을 시도하고, '더욱 열심히'라는 다짐 속에 자신을 혹사시킨다. 악의 구렁텅이에서 헤어나지 못하고 '무의식에 있는 나'는 만신창이가 되어버린다.

골프선수들이 흔히 하는 이야기가 있다. "아직도 스윙 생각하고 있느냐?" 그렇게 열심히, 언제까지 그렇게 열심히만 할 것인가? 그것이 '열심히'로 포장될 수 있는 그럴싸하고 당연한 노력이라고 생각하는가?

007

스스로 그러한 삶을 살자

골프는 특성상 개인차량이 필수이다. 골프장이 대부분 외지 촌구석에 있고, 무거운 백을 운반해야 하기 때문이다. 대중교통도 불가하다. 이러한 이유로 주니어 골퍼들은 그림자처럼 따라다니는 부모의 호위를 받을 수밖에 없다. 심지어는 대학생, 프로선수가 되어서도 부모의 그늘에서 벗어나지 못한다. 부모 중 한 명이 기사 노릇, 매니저 노릇, 짐꾼 노릇을 해야 하는 것이다. 학생들이 직접 차를 끌고 다니지 않는 이상 부모의 희생은 필수가 되어버렸다.

그런데 여기서 각종 문제가 발생한다. 경제적인 문제도 크게 작용되겠지만 무조건 연습을 많이 해야 실력이 늘 것이라는 부모의 잘못된 생각 때문에 자기 자식들을 혹사시키는 경우가 생기는 것이다. 제 자식을 붙들고 욕설을 해대며 심지어는 손을 대는 부모들도 있다. 아무리 무지한 사람들이라 해도 이게 무슨 G-Ral인가? 이렇게 무지한 교육으로 인해 아이들의 자존감은 말할 것도 없고 주체성, 자립심, 결

골프, 마음의 게임

단력, 판단력 등 온갖 자주적 성격의 정신적 요소들을 박탈시킨다. 그리하여 시합 스케줄, 연습 스케줄, 라운드 계획을 부모가 관리하고 심지어는 부모가 스윙코칭을 자처하는 경우도 발생한다.

생각해보라. 골프 경기는 라운드 도중 수많은 판단과 결단을 요구한다. 선택의 연속이라 해도 과언이 아니다. 그리고 매번 변화하는 상황에 기민하게 대처해야 한다. 이 모든 것을 오로지 선수 자신의 능력으로 해결해야 한다. 캐디가 있긴 하지만 그저 참고인일 뿐이다. 결정은 오로지 본인 자신의 몫이다. 판단 착오는 곧 실수로 연결될 것이고, 스코어 상실로 이어지게 된다. 골프 경기의 승패는 정확한 판단과 선택에 기초한다는 사실을 주지시키는 대목이다.

주니어 골퍼에게 과연 이것을 어떻게 가르칠 것인가? 과연 이러한 능력을 어떻게 키울 것인가? 나는 여기에 특별한 방법이 존재한다고는 생각하지 않는다. 스스로 해보고 자꾸 시행착오를 겪어보는 것이 가장 좋은 방법이라고 생각한다. 이를 위해서는 스스로 그러한 선택의 기회를 줘야 한다. 그런 후 그에 대한 결정을 존중해야 한다. 스스로 판단하고 생각하고 조정하고 실행하고 다시 판단의 과정을 거치도록, 모든 것을 알아서 하도록 기회를 주라는 이야기이다. 이런 과정을 통해서 선수는 성장하게 된다.

'스스로 그러하게'라는 말은 아무런 간섭 없이 본인 스스로 느끼고 만들어 가는 것을 말한다. 넘치면 줄이고 부족하면 채우고 타의의 지시에 의해 움직이는 것이 아니고 '있는 그대로의 나'가 경험을 토대로 움직이는 것을 말한다. 자식 교육의 최고는 방목이라 하지 않았는가? 물론 안전이 보장된 울타리 안에서의 방목이겠지만 이것이 바로 살아 있는 교육, '있는 그대로의 나'를 만드는 참 교육이 아닌가 한다.

골프 경기 안에서의 자주적 판단뿐만 아니라 연습량, 연습시간, 연습방법, 라운드계획, 시합계획 등 경기 외적인 훈련계획에서도 선수 본인 스스로에게 선택의 기회가 주어져야 한다. 스스로 원하지 않는 공부는 쓸모없는 공부가 되기 쉽듯이 골프 연습 역시 스스로 원해야 참다운 연습이 되는 것이다. 이렇게 해야 정말 필요한 만큼의 연습량 과 질적인 연습이 가능해진다. '골프는 무조건 연습만 많이 하면 된 다.' 아직도 이렇게 생각하고 있지는 않는가?

어릴 적부터 친구였던 두 학생이 나란히 입학했다. 연수는 국가대 표, 재희는 국가상비군. 둘 다 아마추어 엘리트 선수였고 그야말로 한 끗 차이였다. 그러나 그 한 끗 차이에는 간과할 수 없는 이유가 있었 다. 연수는 '스스로 그러하게' 성장했던 아이이고, 재희는 교육이라는 명분에 따라 많은 부분에서 부모의 간섭을 받은 그러한 아이였다.

부모님과의 상담에서도 여실히 드러났다. 재희 아버지는 재희의 스 윙에 많은 부분을 관여하고 있었다. 백스윙 궤도, 톱의 모양 등등 재희 가 하고 있는 동작에 대해서 상세히 알고 있었으며 무엇이 문제이고 무엇을 연습시키고 있다고까지 했다. 또한 연습시간과 연습량도 얼마 큼 하라고 일러준다는 이야기도 들었다. 간섭 정도가 상당한 수준임을 직감하였다. 이에 반해 연수 부모님이 하시는 말씀은 '연수는 자기가 다 알아서 해요.' 그 뿐이었다.

이 둘 다 아마추어에서 프로로 턴을 하였는데 차이가 극명하게 드러났다. 스스로 그러하게 성장한 연수는 문제없이 프로에 입문하였고 그 해에 1부 투어까지 진출하였다. 그러나 아버지로부터 자유롭지 못한 재희는 프로 입문에도 수월하지 못했고 결국 그것으로 만족해야 했다.

이것이 과연 우연과 노력의 결과, 그 뿐이었을까?

혹자는 '지 맘대로 하게 내버려두면 운동을 하겠느냐?' 하고 반문을 한다. 만약 지 맘대로 하게 돼서 안 한다면 그것은 그 아이의 인생이다. 골프가 재미있으면 알아서 찾아 할 것이고, 재미없으면 다른 재미있는 일을 찾아서 관심을 둘 것이다. 도대체 재미없는 일을 왜 시키려 드는가 말이다. 부모 자신의 욕심이 아닌가 묻고 싶다.

A

Double A-P 시스템 (분석-불안-집착)

골프와 노래

망하는 길 'Double A-P 시스템'

쥐가 쥐약을 왜 먹는지 아는가?

불안하면 '될 대로 돼라'

완벽을 꿈꾸는 집착

'Double A-P 시스템' 에서 나오는 부정마인드

비디오 스윙분석 시스템, 잘 쓰면 약! 못 쓰면 독!

PART
02

흥망을 결정짓는
두 갈래 길

I-double C 시스템 (본능-집중-자신감)

골프심리의 결정판 'I-double C 시스템'

골프는 감(感)이 전부다

또 하나의 감(感), 조준

집중의 메커니즘

자신감의 원천은 너무 쉽기 때문이다

'I-double C 시스템'에서 나오는 긍정마인드

B

Double A-P 시스템
(분석-불안-집착)

1부 '마음 공부'에서는 골프심리 이전에 선행되어야 할 자존감에 대해서 공부하였다. 이 자존감은 골프뿐만 아니라 그대가 무엇을 하든 가장 중요한 심리적 요소가 될 것이다. 단언컨대 행복한 삶을 살기 위해서 혹은 자신의 일에서 성공을 거두기 위해서는 반드시 갖추어져야 한다. 내가 비록 '골프심리'에 대해서 이야기하고 있지만 골프선수로서 자존감이 없는 골프 멘탈은 사상누각과 같기에 이 책에서 많은 부분을 할애했다. 그대에게 다시 한 번 고하노니, '골프심리'라는 것은 결단코 부가기능에 지나지 않음을 명심하라. 내 마음을 이해하는 일 그리고 스스로에 대한 존중이 실천된다면 골프심리는 저절로 따라온다는 이야기이다.

001

골프와 노래

　골프심리를 논하기 전에 노래에 대해서 잠깐 이야기하려 한다. 나는 진짜 노래에 아무런 지식과 취미가 없다. 그저 노래방에 가면 스트레스 해소용으로 악만 쓰고 나온다. 그것도 1년에 한 번 갈까 말까 한다. 그러던 어느 날 문득 SBS 방송프로그램 중 우연히 가수 오디션 프로그램을 시청하였다. 어린 친구들이 오디션 통과를 목표로 혹은 가수를 목표로 그동안 갈고 닦았던 춤과 노래를 뽐내고 있었다. 공연이 끝나면 심사위원 세 분이 심사평과 함께 당락을 결정지어준다. 때로는 잘했다고 아낌없는 칭찬을, 때로는 냉철한 분석과 함께 진심어린 충고를 해주는 모습을 보았다.

　그런데 프로그램을 계속 보고 있노라니 심사평을 해주는 심사위원들이 골프선수들에게 해줘도 딱 어울릴만한 이야기를 해주는 것이 아닌가. 그래서 난 다음 주에도 보았고 그 다음 주에도 보았다. TV를 보지 않는 내가 이제는 꼭 챙겨보는 프로그램이 되어버렸다. 사실 심사평도 좋았지만 애청자가 된 또 다른 이유가 있다. 참가자들의 가수에 대한 열망, 도전 그리고 좌절, 여기에는 골프선수가 겪을 수 있는 똑같은 드라마가 있었다. 심사위원들과 참가자들은 매회 눈물을 보이곤 했다. 이렇게 애잔한 감동은 '있는 그대로의 나' 역시 가지고 있었다.

각설하고, 심사평을 들으면서 골프와 노래에는 많은 공통점이 있음을 확인했다. 이것이 골프심리를 보다 쉽게 이해할 수 있는 예시가 될 수 있다면 기꺼이 그렇게 하겠다. 그대 역시 마음을 열고 경청해주기 바란다.

일단 골프 스윙과 노래의 공통점을 찾아보자.

① 스윙과 노래는 본능, 감에 충실해야 한다. 골프는 말할 것도 없고, 노래 역시 감정을 표현하는 수단이기에 감정에 충실해야 한다. 감정 발산이 바로 본능이기 때문이다.

② 스윙감과 감정표현, 이 둘은 우뇌를 활성화시키는 공통점이 있다. 아주 주요한 일치점이다.

③ 스윙과 노래는 기술적 문제가 존재한다. 골프야 말할 것도 없고, 노래 역시 발성, 박자, 리듬, 템포, 가사전달 등 수많은 기술적 문제가 존재한다.

④ 스윙과 노래는 둘 다 힘 빼고 자연스럽게 해야 한다. 스윙에서 몸에 힘이 들어가는 것은 최대의 적이다. 노래 역시 말하듯이 자

연스럽게 하는 것이 좋고 몸에 힘이 빠져야 좋은 소리를 낼 수 있다. 특히 고음에서 그렇다.

⑤ 스윙과 노래는 둘 다 진실하게 해야 한다. 골프는 '있는 그대로의 나'가 할 수 있는 것을 하면 되고, 노래는 가슴으로 불러야 한다. 그래야 감동이 있다.

이번엔 골프 경기와 오디션의 공통점을 보자.

① 경쟁의 장이다.

② 꿈이 있고 목표가 있다.

③ 부단한 연습 후에 무대에 오른다.

④ 무대에 오르면 긴장과 불안이 생긴다.

⑤ 관람자가 존재한다.

⑥ 성공적인 수행을 갈망한다.

⑦ 평가를 받는다.

⑧ 컨디션 관리가 중요하다.

⑨ 프로가 되기 위한 길이다.

⑩ 자신감이 중요하다. 등등.

실로 골프와 노래는 많은 공통점이 있다. 특히 골프 경기와 오디션의 비교에서는 심리적인 문제를 어떻게 해결할 것인지가 중요한 문제이다. 자, 이제 노래에 대한 이해가 어느 정도 됐다면 골프심리에 대해서 본격적으로 탐구해보도록 하자.

002

망하는 길 'Double A-P 시스템'

투어를 뛰는 프로선수들이라고 해서 모두 똑같은 프로들은 아니다. '우승후보'라는 수식어가 늘 따라다니는 선수들, 예선통과는 하지만 늘 톱10(top ten)에 오르지 못하는 선수들, 늘 예선통과를 할 수 있느냐 없느냐를 고민하는 선수들, 예외 없이 늘 예선탈락이 당연한 선수들, 애당초 투어카드를 받을 수 있느냐 없느냐를 고민하는 선수까지. 그대는 어느 쪽에 머무르고 있는가? 적어도 예선통과가 목표인 골프를 하고 있다면 'Double A-P 시스템'에서 허우적거리고 있을 가능성이 높다.

'Double A-P 시스템'은 분석(analysis)-불안(anxiety)-집착(pre-occupation)으로 이어지는 악순환의 굴레이다. 한마디로 악의 구렁텅이라 할 수 있다. 이 시스템은 '어떻게 하면 집중을 깰 수 있을까?', '어떻게 하면 자신감을 떨어뜨릴 수 있을까?' 혹은 더 나아가 '어떻게 하면 더 불행해질 수 있을까?'를 고민하는 체계라 할 수 있다.

이러한 시스템의 첫걸음은 '골프 스윙'이 특별한 기술이라는 관점에서 접근을 하기 때문이다. 어떤 동작의 작용원리, 특정 동작을 잘할 수 있도록 하는 방법, 우리는 흔히 스윙 '메커니즘(mechanism)'이라 일컫는다. 메커니즘!! 영어로 표현하니 뭔가 있어 보이지 않는가? 그래서 고가의 레슨비를 지불한다 해도 그만한 뭔가의 특별함을 배우는 것으로 착각한다. 개뿔 특별한 것은 하나도 없는데 말이다.

내가 골프를 가르칠 때 많이 하는 말이 있다. '생각하지 마라. 폼을 만들려고 하지마라. 피니시를 만들지 마라. 정지된 영상을 만들지 마라. 특정 동작을 만들지 마라.' 이렇게 '하지 마라! 하지 마라!'는 이야기를 많이 하게 된다. 본능과 감으로써 '그냥' 하면 될 것을 어디서 그렇게 보고 듣고 배워왔는지 나도 모르는 스윙이론을 쏟아내기도 한다. '골프는 폼이 좋아야 잘할 수 있다'는 말, 골프를 몰라도 한참 모르는 소리다. 이는 스윙에 대한 왜곡된 인식으로서 스윙을 위한 스윙이 이런 것이 아닌가 생각한다. 스윙은 '폼'이 아니다. 스윙은 단지 그저 그냥 공을 까는 것, 그뿐이다. 공을 잘 까면 깔수록 '폼'은 좋아지게 된다. 거꾸로 생각해야 한다.

이렇게 스윙에 대한 잘못된 인식으로 인해 기술을 열심히 배우려는데 매진하고 그 기술을 몸에 굳히려고 부단히 애를 쓴다. 때로는 비디오 분석을 시도해보고 유명선수들의 동작도 따라 해본다. 급기야 '완벽한 스윙을 만들어보겠다'는 굳은 결의를 다짐하기도 한다. 아주 열심이다. 태도 하나는 좋다. 이렇게 굳히기가 어느 정도 됐다고 생각하면 골프가 잘 될 것이라는 기대를 하게 마련이다. 하지만 이러한 잘못된 인식에서 불행이 시작된다는 사실, '의식에 있는 나'는 미처 모른다는 것이 더 큰 문제이다.

문제는 실전으로 이어진다. 실수를 해서 OB라도 하나 나오면 OB가 왜 났을까 분석을 하기 시작한다. 이렇게도 해보고 저렇게도 해보다가 '아! 이거다!' 하면, 생각해보라! 그것이 얼마나 갔던가? 지금 이 순간에도 '아직도 잘 모르겠다'는 것이 답이라면 그것이 솔직한 답이다. 이렇게 알다가도 모를 골프에 마음의 상처는 깊어가고 또 언제 OB가 날까 불안에 떨게 된다. 해도 해도 안 되니 급기야 이제는 매순간 자신을 의심하는 지경에 이르고 만다. 자신감이 떨어지고, 집중도 안 되고, 불안한 마음에 시합이 잘 될 리가 있겠는가? 실수는 잦아지고 실수를 하면 할수록 마음은 점점 조급해진다. 이제는 예선탈락이 일상화돼가고 미래에 대한 두려움까지 꿈틀거린다. 불안과 불안의 연속이다.

매슬로우(Maslow)의 말을 기억할 수 있는가? 인간은 '안전에 대한 욕구'가 있다. 나의 경험에 비추어 보아도 인간은 그런 것 같다. 높은 곳에 이르는 놀이기구라도 탄다면 내가 이렇게 겁이 많은 사람인지 새삼 느낀다. 창피해서 말도 못한다. 산길에서 뱀과 마주치기라도 하면 바짝 굳어버리는 내 몸이 신기할 따름이다. 뱀이 그토록 무서운 존재인지 내 자신을 재발견한다.

골프선수도 마찬가지이다. 두려운 마음, 불안한 마음을 해소하고자 자신의 스윙 문제를 더욱 섬세하게 분석하려드는 것이다. 그리고는

TV에 나오는 유명선수들이 했던 만큼의 노력에 '나는 아직 미치지 못했다'라고 생각하면서 더욱 '열심히'를 다짐한다. 태도 하나는 여전히 좋다. 이렇게라도 안 하면 불안해 죽겠거든. 당장 내일 시합도, 앞으로의 미래도, 염려스러운 마음에 이렇게 '무의식의 나'는 안전에 대한 욕구를 갈망한다. 그리고 기술 분석, 스윙 메커니즘에 집착하면서 연습을 의무적으로 하게 된다. 결국엔 왠지 모를 답답함과 씁쓸함, 그리고 괴로움과 우울감을 경험하면서 선수생활에 종지부를 찍고 만다. 이것이 'Double A-P 시스템'의 말로이다.

그대는 어디쯤에 와 있는가? 기억하라. 이렇게 기술만 중요시하는 골프를 하거나 기술에 집착하는 선수라면 일반적인 선수생활은 할 수 있을지 몰라도 결단코 우승의 영광은 머나먼 남의 나라 이야기가 될 것이다. 여전히 들러리가 되기에 충분하다. 이렇듯 스윙을 포함한 모든 기술 훈련에 있어서 과도한 분석 행위는 실수를 유발하면서 불안을 조장한다. 그리고 그 불안의 해소를 위해 집착이라는 악의 구렁텅이로 빠지게 되는 것이다.

이처럼 'Double A-P 시스템'이란 분석(analysis), 불안(anxiety), 집착(preoccupation)이 한데 어우러진, 떼려야 뗄 수 없는 불가분의 관계, 삼위일체이다. 이는 우울한 골프, 망할 놈의 골프로 인도하는 몹쓸 체계라 할 수 있다. '두 개의 A'에서 'P'로 이어지고 'P'는 다시 '두 개의 A'로 이어지는 악순환 체계로 이해하면 되겠다. 좀 있어 보이기 위해 영어로 조합해봤다. 어떠한가? 영어식 표현, 영어로 된 스윙기술, 영어로 포장된 지도자 경력, 죄다 영어로만 되어 있으면 뭔가 특별하게 보이는가? 눈에 좋아 보이는 것에 현혹되지 마라. 그대가 보기 좋게 꾸며 놓은 스윙분석 시스템에 현혹되지 않기를 바란다.

003

쥐가 쥐약을 왜 먹는지 아는가?

자, 그럼 지금부터 'Double A-P 시스템'에 대해 조목조목 알아보기로 하자. 첫 번째는 Analysis! 분석이다. 영어를 쓰니 뭔가 좀 있어 보이는가? 세상만사 있어 보이기 위해 혈안이 되어 있는 것 같아 나도 한번 흉내를 내본다. 그대는 어땠는가? 'Double A-P 시스템.' 이것을 본 순간 이 속에 뭔가 특별함이 있을 것 같은 생각이 스치던가? 그랬다면 그대 역시 세상의 껍데기에 물들어져 있다는 사실을 부정하지 못할 것이다. '있는 그대로의 세상'을 관조할 수 있다면 나와 골프, 이보다 하찮은 것들도 없다. 시합에서 우승하고 싶다면 먼저 세상을 통찰하라.

1960년대인가, 한 때 우리나라는 국민위생보호와 식량보호를 위해 '쥐잡기'를 국가정책으로 실시한 바 있다. 가뜩이나 식량부족으로 허덕이는데 쥐가 쌀을 많이도 훔쳐 먹은 게다. '쥐는 살찌고 사람은 굶는다'는 표어가 나올 정도로 이 당시의 쥐잡기는 가히 전쟁에 비할 만큼

범국민적 애국활동이었다. 해마다 몇백만 마리를 소탕했다니 쥐약 공
장은 아마도 대박이 나지 않았을까?

그런데 쥐가 쥐약을 왜 먹을까?

참 생뚱맞은 질문이지만 여기에는 생각해볼만한 가치가 있다. 그대
는 여기에 어떠한 답변을 하고 싶은가? 물론 살기 위해 먹을 것이다.
그런데 그것을 먹으면 죽는다는 사실. 이러면 이야기가 달라진다. 한
번 생각해보자. 죽는데 왜 처먹을까?

답은 죽는 줄을 모르니까 먹는 것이다.

스윙을 특별한 기술로 인식하면서 동작을 굳히려는 것 그리고 이
것을 재현하려는 행위는 골프선수에게 쥐약이다. 백스윙의 팔 각도를
몇 도로 하고, 톱(top) 스윙에서 손목의 모양을 어떻게 만들고, 임팩트
모양을 어떻게 하고, 하체리드는 어떻게 하고 등등. 이렇게 부분 동작
에 집중하는 것 혹은 정지영상을 만드는 것, 이 모두가 다 쥐약이다.
먹으면 죽는다.

집중이 무엇이라 했는가? 'Now and here.' 지금 여기서 해야 할 일
에만 초점을 맞추는 것이다. 그런데 스윙 중에 동작을 만들기 위해 생
각하는 것, 특히 부분부분의 섬세한 동작을 지금 여기서 해야 하는 일

로 알고 있다면 큰 오산이다. 골프스윙이라는 것은 그러한 동작을 애써 만드는 것이 아니고 그저 '공을 까는 것', '공을 쳐 날리는 것'이라 누차 말했다. 우리는 골프공을 치기 위해 도구를 들고 있다. 그것은 골프 클럽이고 그중에서도 클럽헤드가 주요한 도구이다. 따라서 나의 뇌는 오로지 클럽헤드의 움직임을 만들어내는 일에만 작동하면 되는 것이다. 왜냐하면 이렇게 클럽헤드를 조종하는 일이 바로 '본능이고 감(感)'으로 강조했던 나의 내재된 능력이 수행하는 일이기 때문이다. 본능에 대해서는 앞서 많은 부분에서 이야기했다. 이것은 '어떻게 해야 할까?' 하고 계획을 한다거나 머리로 생각하고 하는 것이 아니라는 점, 이것만 이해하면 된다. '걷는 것'과 '던지는 것'을 다시 한 번 상기하라.

따라서 OB가 난다 해서 '내 스윙에 어디가 이상이 있는 걸까?'를 생각하는 일 자체가 쥐약을 퍼먹는 것과 같다. 시합 중에 스윙 점검한다고 백스윙 타령하는 선수, 다운스윙 타령하는 선수는 열심히 쥐약을 퍼먹고 있는 중이다.

이와 같은 행위가 쥐약이 되는 근본적인 이유는 신경생리학적 부분에서 명확한 이유를 찾아볼 수 있다. 그것은 좌뇌와 우뇌의 다른 쓰임에 비롯된다. 본능, 감, 느낌, 집중, 상상, 감정발산 등과 같은 정신적인 일은 우뇌에서 하는 일이고, 분석적, 논리적, 체계적, 수학적, 순차적과 같은 일은 좌뇌에서 하는 일이기 때문이다. 그토록 돈 주고 배워왔던 수많은 동작들, 그것을 1초 남짓한 시간에 순차적으로 체계화시켜 생각으로 해낸다는 것이 가능한 일인가? 손바닥보다 훨씬 작은 용구를 가지고 달걀보다 작은 골프공을 항상 일관성 있게 때려낸다는 것이 어디 생각만으로 가능한 일이라 보이는가?

생각해보라. 그 찰나의 시간에 좌뇌, 우뇌를 왔다 갔다 한다는 것은 마치 떨어지는 빗방울을 손으로 잡아채려는 것과 같다. 정확히 말하자면 아마도 뇌는 할 수 있을는지 모르겠다. 그러나 뇌에서 지령을 받아서 움직이는 팔다리는 그렇게 순간적으로 바뀌는 스위치를 제시간에 모두 감당해낼 수는 없을 것이다. 다시 말해 몸의 움직임이 찰나의 헤드스피드를 어찌 따라갈 수 있겠느냐는 말이다. 어떤가? 더욱 단순한 회로, 하나의 흐름이면 더 쉽지 않겠는가?

여기서 말하는 '집중'은 물의 흐름으로 비유할 수 있다. 그 순간 한 가지의 생각만 들어가도 흐름은 깨지는 것이다. 흐름이 시작됐다면 계속해서 흐르게 내버려둬야 한다. 스윙 중에 어떠한 동작을 만들겠다는 생각은 좌뇌에서 하는 일이다. 이것은 마치 우뇌라는 풍선에 침을 놓는 것과 같다. 티샷을 하는데 이유 없이 OB가 나는 것 같다면 '무의식의 나'가 독침을 맞은 것이다. 하지만 '의식에 있는 나'는 이 사실을 알지 못한다. 왜냐하면 집중은 '무의식의 나'가 하는 일이기 때문이다. 무의식은 마치 미지의 세계와 같기 때문에 현재의 의식으로는 접선을 할 수 없다. 그리하여 "도대체 OB가 왜 나는지 알 수가 없다"고 투덜대는 사람은 '헤드업' 타령만 하게 된다. '헤드업'이 지루하면 '어깨 턴'이 안 됐다고, 그것도 모자라면 '하체 리드'가 안 됐다고 엉뚱한 소리만 해댄다.

자, 그럼 노래로 이야기해보자. 여기에도 기막힌 공통점이 있으니 한 번 살펴보자.

2AM의 '이 노래'라는 제목의 노래는 돈이 없어 해줄 게 없는 여자 친구에게 '노래'라도 불러주겠다는 남자친구의 애절한 마음이 담긴 사 랑노래이다. 4명으로 구성된 남성그룹 참가자는 각자의 파트에서 최 선을 다했지만 심사위원들로부터 예상 밖의 혹평을 받는다.

심사위원 1 _ 아~ 참, 이 팀은 저한테 고민입니다. 여기까지 올라온 4 명의 남자 보컬들이 어느 정도의 장점과 실력을 갖춰서 올라왔는데 사실 오늘 4명이 뭉친 보컬 하모니, 이런 느낌은 사실 개인적으로 보 여주셨던 감동보다는 '조금 덜하지 않았나'라는 생각이 듭니다.

심사위원 2 _ 우선 백지웅 군이 팀을 잘못 리드한 거 같아요. 왜냐면 다들 노래를 너무 잘하려고 해요. 그러니까 무대 위에서 지금 음정, 하 모니 막 생각이 너무 많아서 가사를 전달 못하고 있어요. 근데 그게 가 장 심한 게 백지웅 군이에요. 리더가 이거를 굉장히 무슨 시험 보듯이 접근을 하니까, 이 가사 지금 부르기 얼마나 좋아요. 네 분 다 지금 사 랑하는 여자가 있다면 사실 아직 여자친구한테 해줄 수 있는 게 거의 없잖아요. 본인들이 이 가사를 완전히 자기 것으로 만들어 부를 수 있였음에도 불구하고 이거를 음정, 박자로 접근한 게 너무 실수인 거 같아요. 그 실수가 백지웅 군으로부터 시작된 거 같고요. 왜냐면 백지웅 군이 가장 심하게 생각하면서 노래를 하고 있어요.

정말로 사랑하는 여자친구에게 불러주듯, 애틋한 사랑 감정을 토해 냈어야 했는데 노래를 잘하려는 마음에 음정, 가사, 하모니, 박자와 같은 기술적인 부분을 너무 생각한 모양이다. 감정(본능)에 집중한 것이 아니고 기술에 집중한 것이다. 이 그룹에서 리더 역할을 했던 참가자는 다른 무대에서 똑같은 지적을 받는다.

심사위원 1 _ 나빠진 점은, 발음이 굉장히 쓸데없이 정확해지고 입을 굉장히 많이 벌려요. (입모양을 크게 벌리면서) 아~, 이~ 이렇게 그리워~. 이렇게 모든 발음이 정확하게 입이 커져서……. 노래가 항상 말하는 것처럼 했던 것, 그 좋았던 점이 없어졌어요.

다음 참가자의 심사평을 들어보자. 이번엔 반대의 경우이다. 재미있는 심사평이다. 심사위원은 만족스러운 듯 참가자에게 다음과 같은 말을 해준다.

심사위원 _ 제가 계속 이미쉘 양에게 차라리 노래를 좀 못 부르라고 계속 얘기를 했었는데, 바로 오늘 좀 못 불렀어요. 무슨 말이냐 하면 실력이 없어서 노래를 못 부르는 거는 안 되고요. 감정이 격해져서 음정이 안 맞는 건 좋다는 거예요. 오늘 진짜 감정에 취해서 음정들이 많이 흔들렸어요. 좋은 출발이에요. 처음으로 감정이 전달되기 시작하는 것 같아요. 이렇게 계속 갔으면 좋겠어요.

또 다른 소녀 참가자의 심사평을 들어보자. 이번에도 역시 아주 만족스럽다는 심사평을 쏟아낸다.

심사위원 _ 제가 이 프로그램 시작하면서 계속 한 말이 있습니다. '노래는 대충 부르는 겁니다.' (아주 만족스럽다는 듯) 너~무 대충 불렀어요. 저는 지민 양이 처음에 노래를 딱 시작할 때 어떤 목소리를 만들지 않고 그냥 대충 부르기 시작하는 순간, 마음이 탁 열렸어요. 오늘은 시작하는 순간, 아~ 내가 오늘 또 넘어가는구나.

이 심사위원은 마지막으로 '두 군데서 음정이 틀렸습니다'라는 말을 남기고 심사평을 마무리했지만 그것은 중요한 것이 아니라는 듯 참가자에게 99점을 선사한다. 그리고 이 소녀는 K팝스타 시즌 1에서 우승의 영예를 차지한다.

노래를 듣는 이가 감동을 받으려면 부르는 이의 감정발산에 공감이 돼야 한다. 여기에는 박자와 음정이 약간씩 틀리더라도, 심지어 가사

마저 틀리더라도 감동에는 전혀 문제가 되지 않는다. 골프도 마찬가지이다. 스윙의 모양이 남과 다르고, 이상적인 스윙 모양이 아니더라도 자신만의 감각으로, 본능적으로 공을 터치할 수만 있다면 아무 문제가 안 된다는 이야기이다. 프레드 커플스, 짐 퓨릭, 존 댈리 등과 같은 선수는 자신만의 독특한 스윙을 가지고 있음에도 불구하고 세계 메이저 대회에서 우승을 거머쥔 선수들이다.

이러한 심사평을 골프에 대입해보자면 '공을 깐다는 느낌'은 무언가에 억압되지 않고 자유로운 상태에서 클럽을 '대충 휘둘러' 공을 치는 것으로 표현할 수 있다. 여기서 '대충'이라는 단어를 상기해보자. 이것은 골프와 노래에 공통적으로 적용되는 요소로써 느낌과 감을 일으키는 우뇌의 활성화를 암시한다. 감동이 시작되는 것이다. 어떠한 막연한 생각이나 두루뭉술한 느낌으로 상상되어진다면 바로 그것이다. 슬럼프에 빠져있는 선수들이 기술완성이라는 허울에 얽매여 이러한 느낌을 스스로 깨먹고 있는 중이다. 좀 더 정확한 스윙, 좀 더 섬세한 동작, 좀 더 완벽한 스윙을 추구하는 노력이 바로 본능의 감을 죽이는 과정이라고 할 수 있다. 쥐약이다. 쥐약!

불안증이 극도로 심해져 운동을 정상적으로 수행하지 못하는 현상을 '입스(yips)'라고 한다. 이 또한 쥐약을 쉴 새 없이 퍼먹고 죽기 일보 직전의 실신 상태에 있는 것이다. 그대의 골프는 어떠한가? 아직도 눈앞에 쥐약이 달콤해 보이는가?

004

불안하면 '될 대로 돼라!'

자, 이제 'Double A-P 시스템'의 두 번째 Anxiety!! 불안이다. 이 '불안'이라는 심리는 도대체 무엇일까? 그대에게도 역시 마음 한편에 이 '불안'이라는 것이 존재하는가? 있다면 어디 한 번 꺼내보라. '불안'은 단지 마음속에 이는 바람일 뿐, 그 실체는 어디서도 볼 수 없는 것이다. 그렇다면 이것은 왜 내 마음속에 찾아오는가? 왜 또 그렇게 왔다가 사라지는가?

'불안'이란 '있는 그대로의 나'가 느끼는 두려움, 근심 따위의 불쾌한 정서이다. '무의식의 나'가 어떠한 상황을 위협으로 받아들이고 있는 상태, 압박을 받고 있는 상태라고도 말할 수 있다. 그렇다면 골프를 치면서 무엇이 걱정되는 걸까? OB가 걱정인가? 온 그린(on green)이 안 될까 걱정인가? 퍼팅이 걱정인가? 예선탈락이 걱정인가? '의식에 있는 나'는 '그런 생각은 안 한다!'고 하지만, 바로 '무의식에 있는 나'는 이미 가능성을 믿고 있는 상태이다. 이것이 '불안'의 시작이다. 앞

골프, 마음의 게임

서 패배의식에서 강조한 바 있다.

그렇다면 '무의식의 나'는 왜 그렇게 불안해하는 것일까? 그것은 성공 경험을 자주 하다 보면 자신감이 생기듯, 실패의 경험을 자주 했기에 그러한 믿음이 생성된 것이다. 이는 곧 스스로를 믿지 못하고 있는 상태, 즉 자신감이 없는 상태이다. 분명 머리로는 그것을 믿고 싶지도, 생각하고 싶지도 않을 것이다. 그러나 이것은 '의식에 있는 나'가 원하는 바람일 뿐 정작 '무의식에 있는 나'는 두려움에 떨고 있다. '의식에 있는 나'는 이 사실을 미처 모르고 있다. 심장이 쿵쾅쿵쾅 뛰고 있는데 '심장아, 좀 가만히 뛰어라.' 이렇게 명령을 한다 해서 어디 말을 들을 수 있던가? '무의식에 있는 나'를 관조해야 하는 까닭이 여기에 있다.

실패의 경험을 많이 할 수밖에 없는 이유는 바로 기술 분석에 있다. 물 흐르듯 집중에 방해받지 않고 해야 할 일을 '분석'과 '동작 만들기'라는 자충수로 인하여 이어지는 실수를 피할 수가 없는 것이다. 정작 해야 될 분석은 동작 분석이 아니라 '무의식의 나'가 하는 일(집중)에 방해를 주는 것은 없는가이다. 있다면 그것이 무엇인가를 분석해내야 한다.

선수들이 이러한 딜레마에 빠질 수 있는 근원적 이유 중 하나는 욕심이다. 더 잘하고 싶은 마음은 더 완벽한 스윙을 갖고 싶어 하기도 하고, 유명선수의 스윙을 따라 하고 싶어 한다. 잘 되고 싶은 그 마음이야 이해하지만 방법이 잘못되어 안타까울 뿐이다. 완성시켜야 할 목표는 스윙에 있고 그것을 분석의 대상이라고 인식하는 것 자체가 감쪽같은 함정에 빠져있는 것이다. 그대가 지금보다 더 잘 되고 싶은 욕망이 있다면, 잘하려고 하는 마음 자체를 갖지 말고 본능과 감각에 집중하라. 이것이 바로 불안을 근본적으로 없애기 위한 심리기전이다.

연습을 많이 하지 않으면서 성적을 잘 내는 선수가 있다. 이 선수는 '오로지 감으로만 하는 선수'로서 기술 분석 따위는 하지 않는다. 그저 본능적 감을 확인하기 위해 연습할 뿐, 스마트 폰, 스윙분석 시스템 따위로 스윙을 찍으려 들지 않는다. 쓸데없는 짓임을 본능적으로 느끼는 것이다. 반면 '골프를 감으로 하지 못하는 선수'는 하루라도 스윙을 찍어보지 않으면 불안한 마음을 감추지 못한다. 더 큰 문제는 하루하루 스윙을 찍어서 보여주려 하는 지도자에게 있다. 분석 후 조합하고 확인하고 다시 분석-조합-확인, 분석-조합-확인. 이러한 과정을 성실하게 수행하는 것이 골프를 잘 치기 위한 과정이라고 생각한다면 골프를 잘못 알아도 크게 잘못 알고 있는 것이다. 이렇게 '열심히'라는 미명하에 하루 종일 스윙만 찍고 있으면 답이 나오는가?

불안을 극복해나가는 과정에는 성공 경험이 필요하다. 그것은 본능적인 히팅(hitting) 동작을 통해서 이루어져야 한다. 하지만 이 과정에는 넘어야 할 산이 있다. 스윙 메커니즘에 집착했던 선수가 본능적인 동작으로 한순간에 바꾸려다 보면 일시적으로 더욱 큰 불안을 느낄 수 있다는 것이다. 그동안 그토록 의지했던 것과 헤어지려니 어찌 불안이 커지지 않겠는가? 이는 마치 엄마와 동체로만 느껴왔던 갓난아기가 엄마와 분리된 독립체라는 사실을 느끼는 과정에서 생기는 분리 불안과 같다. 스윙 스타일을 바꾸는 일에 주저하는 이유가 이렇게 더욱 커지는 불안을 이기지 못하기 때문일지도 모른다. 나는 이것을 이렇게 표현하고 싶다. 마치 허무맹랑한 미신을 믿는 느낌이고, '도를 아십니까?'를 물어오는 사람에게 한동안 붙들려 있는 느낌. 그동안 생각해보지도 시도해보지도 않은 것이기에 맹목적인 믿음을 갖지 못하는 것이다. 그러나 수차례 시도해보고 성공 경험을 반복한다면 그 두려움 따위는 기우(杞憂)에 지나지 않음을 곧 느낄 수 있다.

따라서 이렇게 '망하는 지름길'인 분석으로부터 '성공의 길' 본능으로 진입하기 위해서는 특단의 각오가 필요하다. 여기에는 바로 '될 대로 돼라!'는 식의 단순한 휘두름이 필요한 것이다. 그 느낌 한가운데 바로 '대충', '얽매이지 않음', '자유'와 같은 속박으로부터의 해방이 있다. 이것은 마치 시기, 질투, 탐욕, 분노, 어리석음 등에서 비롯된 인간사의 고뇌와 번뇌로부터 해탈하는 것과 너무도 흡사하다.

자, 그럼 오디션 장으로 가보자.

생방송 진출자를 선발하는 마지막 패자부활전의 무대. 이제는 더이상 뒤로 물러설 수 없는 참가자들에게 무대 준비를 위한 단 30분이 주어진다. 그러한 절박한 상황에서 한 남성 참가자는 통기타를 들고 무대 위로 올랐다. 그러나 긴장된 무대라는 것이 무색할 정도로 너무나 밝은 에너지를 발산하면서 무대를 마무리하였다.

심사위원 1 _ 사실은 이 무대가 더 긴장되고 떨려야 되는데, (감탄하며) 박제형 씨는 와……. '될 대로 돼라!'의 기분으로 즐겁게 부르는 게, 제가 박제형 씨한테 원했던 거는 그거 같아요. 노래를 잘하는 거를 원하는 게 아니라 그냥 편안하게, 너무 잘하려고 하지 말고 여유 있게 부르는 모습이 가장 중요하다고 생각하는데, 지금까지 봤던 무대들 중에서 오늘 무대가 가장 여유롭고 제가 즐겁게 봤던 거 같아요. 칭찬해주고 싶어요.

심사위원 2 _ 제형 군은 마음을 비운 거 같아요. 오늘 대충 불렀어요, 제형 씨. 저희 JYP에 트레이닝 오신 분이 한 20명 정도 돼요. 그 20명 모두에게 제가 똑같이 첫마디는 똑같았어요. '노래는 대충 불러라!' 굉장히 편하게 불렀어요. 가장 잘 불렀어요.

심사위원의 말대로 가장 절박하고 긴장된 무대였지만 참가자는 노래 그 자체를 즐기는 모습을 보여주었다. 노래 그 자체에 흥겨워하고, 즐거운 마음으로 한바탕 놀아본다면 노래의 기술적 부분은 신경 쓸 겨를이 없다는 것을 암시하는 심사평이었다.

다음으로 여성 듀엣 참가자가 불안하고 긴장된 무대를 준비하고 있다. 총 세 팀이 대결을 해야 하는 배틀 오디션에 우승후보로 지목된 남성 3인조 보컬조와 만난 것이다. 공연에 앞서 한 심사위원이 진심어린 충고를 해준다.

심사위원 _ (우승후보) 라쿤보이즈, 윤주석과 붙어야 되는 동옥, 주연양, 그 친구들이 자신이 없는 게 아니라 그 붙어야 할 상대들이 너무 대단한 친구들이라서, 그러나 또 재미있는 거는 '될 대로 돼라!'는 식으로 정말 자유롭게 노래를 한다면 의외의 결과를 낼 수 있을 거라 생각해요.

노래에 감동을 주기 위해서는 어떠한 것에도 얽매이지 않는 에너지의 발산이 필요하다. 여기에 가사, 박자의 정확성 따위는 독침과도 같다. '될 대로 돼라!'는 식의 자유로움이 필요한 것이다. 이것이 바로 기술에 얽매이지 않는 그러한 마음의 상태이다. 잔디밭에 선 우리도 이러한 마음을 가져보자. 골프를 잘하자는 마음으로 '분석'이라는 쥐약을 퍼먹지 말자. 불안이 커지면 커질수록 '될 대로 돼라!'를 되뇌어 볼을 날려 보자. 의외의 결과를 맞이할 수 있을 것이다.

005

완벽을 꿈꾸는 집착

'Double A-P 시스템'의 마지막, Preoccupation!! 집착이다. 분석과 동작 만들기를 좋아하는 골프선수가 불안이 증가하게 되면 더욱 완벽한 기술을 습득하기 위해 매진하게 된다. 불안을 느끼는 '무의식에 있는 나'가 심리적 안정을 갈망하는 것이다. 그렇게라도 하고 있어야 조금이나마 마음이 편해지고 답답함에서 벗어날 수 있기 때문이다. 그리고 그 안정된 상태를 유지, 지속시키기 위해 처절하게 절규하는 것이 바로 집착이다. 다시 말해 심리적 불완전 상태에 기인한 강박관념이라고 정의할 수 있다.

혹시 사랑이라는 미명하에 스토킹을 해보았는가? 자신의 헌신적인 사랑 행위를 스토킹이라고 규정할 수 있는 사람은 많지 않을 것이다. 아니, 아마도 없을 것이다. 그러나 '열정적인 사랑을 해보았다'라고 말하는 사람은 사랑이 아닌 집착일 가능성을 한번쯤 의심해봐야 한다.

애인을 만나기 위해 몇 시간이고 기다려봤던 사람, 헤어지자는 사람에게 죽도록 매달려 본 사람, 하루라도 애인을 보지 않으면 불안한 사람, 애인의 일거수일투족에 관심을 갖는 사람, 시시때때로 애인의 핸드폰을 검사하는 사람, 여자친구가 싫다는데도 굳이 집에 데려다 주겠다고 하는 사람, 너를 사랑하기 때문에 '사랑이란 이름으로 그러는 거다'라고 말하고 싶은 사람. 생각해보라! 이것이 과연 로미오와 줄리엣의 그 애틋한 사랑이야기라 생각하는가? 열정적인 사랑이라 생각하는가? 꿈 깨시라!! 이건 집착이다.

스토킹은 낮은 자존감에서 비롯된 안전의 욕구이다. 자신의 정체성을 갖추지 못해 생성된 불안한 심리상태를 그냥 그저 그렇게 내버려 두지 못한 대안적 행동들이다. 노심초사 안절부절 무엇인가 해야지만 그 불안한 마음을 조금이라도 다스릴 수 있는 것이다. 길 잃은 어린아이의 절규를 들어보았는가? 그 어린아이의 두려움에 가득한 눈망울을 보았는가? 오줌 지린 어린아이의 모습을 보았느냔 말이다. 집착은 길을 잃은 '무의식의 나'가 엄마를 찾는 것과 같다.

연습을 위해 죽도록 노력한다는 선수, 하루라도 스윙을 찍어보지 않으면 불안한 선수, 구석구석 자신의 동작에 관심을 갖는 선수, 스윙에서 고치지 않아도 된다는 부분을 굳이 고치겠다고 하는 선수, 같이 연습하는 동료한테 자꾸 '스윙 좀 봐 달라'고 하는 선수, 완벽한 스윙을 꿈꾸는 선수, 골프를 잘하고 싶기 때문에 '열심히 하려는 것이다'라고 말하고 싶은 사람. 이것이 과연 '열심히 한다'는 말로 포장될 수 있는 행동들인가? 이것이 과연 내로라하는 세계적인 선수들의 열정적인 연습태도라 생각하는가? 꿈 깨시라!! 오매불망 집착이다.

　의무적이고 집착스러운 연습 태도 역시 낮은 자존감에서 비롯된 안전의 욕구이다. 그것은 불안한 심리상태를 그냥 그저 그렇게 내버려 두지 못한 대안적 행동들이다. 노심초사 안절부절 무엇인가 해야지만 그 불안한 마음을 조금이라도 다스릴 수 있는 것이다. 입스에 걸려 사경을 헤매고 있는 선수의 절규를 들어보았는가? 두려움에 가득한 눈망울을 보았는가? 겁에 질려 눈도 못 마주치는 (한 때 잘나갔던) 선수의 모습을 보았느냔 말이다.

　나의 학생 중에는 정말로 몸이 부서져라 연습을 하는 학생이 있었다. 누가 봐도 너무 열심이다. 그러나 성적은 나지 않는다. 성적이 나지 않으면 '더 열심히 해야 한다'고 다짐한다. 그리고 몸을 혹사시키고, 결국 부상을 입고 만다. 몸도 마음도 만신창이가 돼버린 나의 학생은 또 다시 이런 태도로 일관한다. 내가 정말 미칠 지경이다.

"이 동작만 만들면 될 거 같아요. 선생님. 조금만 더 하면 완벽해질 수 있을 거 같아요."

"선생님이 보기엔 연습에 대한 태도를 조금 바꿨으면 좋겠는데, 생각을 좀 바꿔보는 게 어때?"

"아니에요. 선생님. 이제 2년 했으니까 1~2년 정도만 더 하면 될 거 같아요. 아는 언니는 한 3년 걸렸대요. 보통 스윙을 바꾸는 데 한 2~3년은 걸린다고 하더라고요. 더 열심히 해야죠."

정말 철옹성이 따로 없다. 이제는 이렇게 골프 이야기를 하는 것조차 마음이 아파 나는 그냥 이 학생이 잘 되기를 바랄 뿐이다.

여기 한 여성 참가자가 무대 위로 올라 자기소개를 한다.

참가자 _ (긴장된 목소리로 주춤하며) 안녕하세요~. 저는……. 아, 다시 할게요. (멋쩍은 듯) 안녕하세요. 저는 23살, 이제는 진짜로 노래하고 싶은 박재은이라고 합니다.

긴장감이 역력한 목소리로 인사도 제대로 못 한 이 참가자는 뭔가 사연이 있는 듯 자신의 과거에 관한 이야기를 애절하게 털어놓는다.

참가자 _ 예전에 다른 오디션 프로그램에서 톱10까지 오른 적이 있었고, 걸그룹으로 데뷔할 기회도 몇 번 있었어요. 근데 그게 좀 쉽지 않더라고요. 그쪽 세계가 역시……. 최근에 데뷔 문턱에서 엎어지기도 하고, 최근이었어요 그게. 솔직히 고민을 많이 했었는데 마지막이라고 생각하고 도전을 한 거 같아요. (눈물을 흘리며) 진짜 만날 너무 헤맸기 때문에 이제 저를 진짜로 정말 잘 키워줄 수 있는 회사에 들어가고 싶어요.

무대에 오른 참가자는 노래를 시작하기 직전, 눈을 지그시 감고 감정에 집중한다. 절실함 가득하게 자신의 무대에 최선을 다했지만 심사위원에 의해 노래는 중단되고 만다.

심사위원 1 _ 왜 그래요? 왜 그렇게 떨어요? 나름 그래도 연습생까지 해봤던 친구가 이렇게 무대 올라와서 떨면, 혹시 데뷔를 했다 그래도 생방송 무대에서 떨었겠네.

참가자 _ (떨리는 목소리로) 네. 아……, 왜 이렇게 갑자기 떨리는지.

심사위원 1 _ 춤도 준비하셨어요? 춤 볼게요. 이대로 가면 떨어집니다. 그냥 '될 대로 돼라', '떨어져도 모르겠다.' 하고 춰야 돼요. 진짜 지금 상태는……. 알았죠?

심사위원의 말에 참가자는 고개를 크게 *끄덕끄덕*하지만 춤 역시 이내 중단된다. 이 참가자는 노래고 춤이고 중단될 때마다 안 좋은 심사평이 예상되는 듯 멋쩍은 표정을 감추지 못한다.

심사위원 1 _ 아~ 참, 이 친구 불안하네요.

심사위원 2 _ 참 오랜 시간 동안 그렇게 준비만 하고 결과가 없을 때 얼마나 힘들지 예상이 돼요. 저도 연습생이라는 시간이 있었고, 좋은 점수를 드리고 싶어서 계속 보고 있었거든요. 계속 보고 있었는데, 뭔가 너무 긴장을 하셨던 것도 있었지만 기본적으로 음정이고 뭐고 너무 무너지는 거 같아요. 춤에 대해서는 너무 감정 없는, 그냥 정말 안무 외워서……, 그냥 동작만 움직이는 약간 그런 느낌? 기본적으로 실력을 조금 더 가다듬으면 어떨까라는 생각을 해봤고요. 그런데 23살이면 아이돌 가수분들 중에도 그 나이 또래가 아직 있더라고요. 그래서 뭐랄까……. 항상 밝은 마음으로 이렇게 음악 생활을 하시면 어떨까 하는 생각을 해보면서 이번엔 불합격을 드릴게요.

심사위원 1 _ 이렇게 생각해볼까요? 박재은 양. 지금 우리나라 가요계에 아이돌 가수가 너무 많습니다. 이건 많아도 너무 많아요. 그렇다 보니까 박재은 양처럼 기회를 못 잡아서 데뷔를 못한 친구들도 참 아쉽지만, 이 수많은 그룹 중에서 몇 년을 연습해서 데뷔했는데, 방송 한 번도 하지 못하고 그냥 무산되는 팀들이 너무 많아요. 그렇다면 박재은 양은 예전에 다른 오디션 프로그램에 나오기도 했었고, 오늘 많은 참가자들 중에서도 가장 긴 시간을 이야기하면서 방송 출연을 하고 있단 말이죠. 어떻게 보면 또 그런 사람들에 비하면 행복하다고 볼 수도 있어요. 저는 마음적으로는 충분히 이해합니다만 오늘 무대는 실력보다도 너무 많이 떨어서 못했기 때문에 공정하게 심사를 해야 할 거 같아요. 포기하지 마시고, 나이가 23살이건 26살이건 30살이건 상관없어요. 아이돌 가수가 안 되면 어때요? 더 실력을 키워서 아티스트가 되면 되지. 그죠? 오늘은 불합격입니다.

이 여성 참가자는 하염없이 눈물을 흘린다.

심사위원 3 _ 뭐 도움이 되는 말씀을 드리고 싶은데, 제가 재은 양 나이 때 데뷔했어요. 정확히 그 나이에…… . 근데 오디션을 다 떨어져서 더 이상은 오디션 볼 데가 없었어요.

심사위원 1 _ 이수만 사장님한테 떨어지셨잖아요. 그죠? 제가 방송에서 봤어요.

심사위원 3 _ 하하하! 그게 마지막 오디션이었는데, '비' 군도 저희 회사에 오기 전에 18군데 떨어지고 왔거든요. 그래서 정말 열린 마음으로 봤는데 일단 시작할 때, (몸을 움츠리며 흉내 낸다) 이렇게 해가지고 열심히 부르시는 순간, 아… 어떡하지, 아쉽네요. 다음에 또 볼 수 있기를 바라요.

참가자 _ 아낌없이 조언해주셔서 정말 감사했어요. 더 열심히 노력해서 언젠가는 달라진 모습을 좀 보여드리고 싶네요.

'더 열심히' 하겠다는 다짐을 하면서 무대를 떠나는 참가자의 뒷모습이 왜 이렇게 안타까울까. 무엇을 더 열심히 할지, 그대는 이 참가자가 무엇을 '더 열심히' 해야 한다고 생각하는가?

나는 이렇게 생각한다. 이 참가자는 수많은 오디션에 참가해서 쓰라린 실패의 경험을 맛보았다. 그러나 그것이 발전을 위한 약이 되지 않고 점점 불안과 두려움의 씨앗이 돼버렸다. 그 이유를 생각해보자면, 이번 오디션 역시 또 떨어질 수 있다는 믿음이 마음 한편에 자리잡고 있었던 것이다. 이제 그녀는 낭떠러지 끝에 서 있어 아득한 협곡이 눈앞에 아른거린다. 죽을 것 같은 두려움, 그 두려움과 공포 때문에 그렇게도 떨리는 목소리로 노래를 할 수밖에 없다. 노래와 춤은 한바탕 놀아보자는 마음에서 해야 하는데 오로지 오디션의 당락에 집착을 하고 마치 공부하듯, 마치 죽기 직전의 공포와 맞서듯 노래의 기술적인 것에 초점을 맞추고 단순히 춤의 안무를 외우는 데만 집착한 것이다.

이것이 골프를 감으로 하지 않고 동작 분석에 집착하는 골프선수와 무엇이 다른가? 그대가 시합에서 그토록 긴장된다면 오디션 참가자와 다를 게 무엇인가? 이 모든 것은 타인의 시선에서 자유롭지 못하고 '나는 무엇이든 해낼 수 있다'는 믿음을 갖지 못하는 심리상태서 비롯된다고 생각한다. 바로 낮은 자존감인 것이다.

006

'Double A-P 시스템'에서 나오는 부정마인드

'Double A-P 시스템'은 분석-불안-집착으로 이어져 온갖 부정적 심리상태를 자아내는 악순환 과정이다. 오랜 시간 레슨을 받아보기도 하고, 또 연습하고 이렇게 아무리 구력이 길다 하여도 이루어질 수 없는 꿈 앞에 한없이 무너진다. '마지막이다', '조금만 더 참자', '열심히 하면 되겠지', '더 열심히 하자.' 이러한 다짐은 또 다른 상처를 남기고 이제는 더 이상 새로운 다짐에 이물이 난다.

골프는 점점 복잡해지면서 '그토록 어렵게' 느껴질 뿐만 아니라 급기야 '진정 내가 할 수 없는 일인가?'라는 생각마저 든다. 막연한 불안과 두려움은 점점 자신감을 앗아간다. 이러한 과정에서 골퍼는 '절망'을 느끼고 '좌절'을 느낀다. 그리고 결국 '포기'라는 수순을 밟고 만다. 나는 이 모든 것을 '절망', '비관', '좌절'과 같은 사전적 의미보다는 '과거지향적인 부정 에너지'로 정의하고 싶다.

에너지는 곧 힘이다. 그 힘은 좋은 것도 나쁜 것으로 만들고 나쁜

골프, 마음의 게임

것은 더욱 나쁜 것으로 만드는 특별한 묘약과도 같다. 이것은 대수롭지 않은 실수에 예민하게 반응하고 어쩌다 한번 나온 굿샷에 잘 맞았다고 욕까지 해댄다. 롱퍼팅이 들어가기라도 한다면 늘 자신에게 인색했던 행운에 혀를 차기도 한다. 만족할 만한 스코어를 기록하고서는 '오늘은 이랬으니까 내일은 아닐 거야.' 하고 애써 나쁜 생각을 일삼는다. 생각이 항상 과거에 빗대어져 과거에 대한 한탄으로 가득해 있는 것이다. 이러한 과거지향적 에너지를 한마디로 정리하자면 언제나 잘 안 될 것 같은 느낌이면서 어쩌다 한번 나온 성공 플레이마저 자기 것이 아닌 양 치부하는 그러한 마음의 상태이다.

이러한 마음의 상태는 무엇이 문제였는지, 원인 파악에 급급하고 실패에 대한 경험을 상기하며 같은 실수를 반복하지 않기 위해 애쓴다. 여기서 '실수를 반복하지 않기 위해 애쓴다'는 말! 정말 그럴싸하고 당연한 말이지 않은가? 그러나 여기에도 무의식 속에 자기도 모르는 패배의식이 존재한다는 사실, 누구도 눈치 채지 못하였으리라.

이와 반대로 '미래지향적 긍정 에너지'는 철저하게 과거를 경계한다. 실수에 대한 기억은 머릿속에서 완전히 삭제 처리하고 오로지 성공플레이만 기대한다. 좋지 않은 기억이 머릿속에 있어 봤자 좋을 것 하나 없다는 사실을 본능적으로 느끼는 것이다. 잭 니클라우스의 퍼팅에 관한 일화는 이러한 사실을 잘 이야기해주고 있다.

잭은 어느 강연에서 "나는 대회의 마지막 홀에서는 쓰리퍼팅을 한

적이 단 한 번도 없습니다"라는 말을 했다. 그때 청중에 있던 한 남자가 반론을 제기했다. "지난 대회 마지막 홀에서 분명히 쓰리퍼팅을 하는 모습을 보았는데 어째서 거짓말을 하는 것이지요?" 하고 말이다. 이에 잭은 단호하게 말했다. "난 기억에 없다." 남자는 집요하게 물고 늘어지면서 당시 대회 녹화 테이프를 보내주겠다고 하지만 잭은 그럴 필요 없다고 하면서 강연장을 뜨고 말았다. 그 남자는 강연장에 같이 있던 저명한 스포츠 심리학자 밥 로텔라에게 다음과 같이 물었다.

"잭이 이상하지 않아요? 왜 사실을 받아들이지 않는 것이지요? 당신은 설명할 수 있습니까?"

"골프를 어느 정도 치나요?" 로텔라 박사는 남자에게 묻는다.

"핸디캡이 16 정도 됩니다." 남자가 대답한다.

"만약 당신이 쓰리퍼팅을 했다면 그것을 기억하고 인정하겠습니까?"

"물론이죠." 남자는 망설임 없이 대답한다. 이에 로텔라 박사는 이렇게 되묻는다.

"당신은 핸디캡이 16인 골퍼이고 잭 니클라우스는 당대 최고의 프로골퍼입니다. 그런데 잭이 당신과 똑같이 생각하길 바랍니까?"

출처 - 「골프, 완벽한 게임은 없다」 밥 로텔라, 루비박스

실수를 반복하지 않기 위한 노력은 아무리 열심히, 최선을 다한다

해도 출발 자체가 과거지향적인 부정적 에너지이다. 이것은 애당초 실패를 상기하고 있다는 점에서 매우 치명적이다. 이렇게 치명적인 차이라고 규정지을 수 있는 이유는 똑같은 수행을 하더라도,

'기억에 있는 실패를 안 하기 위해 노력하는 것.'
'단순히 내가 할 수 있는 능력으로 성공수행을 믿는 것.'

이 둘 사이에는 다른 심리기전이 작용한다는 것인데, 여기서 수행에 대한 성패가 판가름되기 때문이다. 과거와 미래, 지나간 일을 들추는 것이 무슨 의미가 있겠는가? 앞으로의 일만 생각하는 것이 좋지 않을까?

'Double A-P 시스템'은 이렇듯 부정적 에너지를 애써 쥐어짜내는 악순환의 체계를 이루고 있다. 결국 골프를 참 재미없게 만든다. 더욱 좋지 않은 것은 '나는 골프에 소질이 없다', '여태 헛고생만 했다', '죽고 싶다'라는 자학적인 생각으로 실망→좌절→절망→포기라는 수순을 밟게 된다. 골프가 삶에 괴로움이자 스트레스의 원흉이며 불행의 씨앗이 되고 있는 것이다. 이것은 'Double A-P 시스템'의 악순환 과정에서 생성되는 보이지 않는 힘! '부정마인드'이다.

나와 상담을 시작하는 선수들 중에는 불안과 두려움이 가득한 선수들이 있다. 그들은 이렇게 자신의 처절한 심정을 토로한다. 바로

'Double A-P 시스템'의 한가운데에 머물러 있는 상태가 이런 마음이 아닌가 한다.

"샷이 항상 불안하고 시합에 나가면 OB, 해저드만 보여요. 프로 나가서 우승해야 성공할 텐데 너무 먼 느낌이에요. 막막해요. 어떻게 해야 할지 모르겠어요. 골프가 너무 재미없어요. 계속 해야 하는 것이 맞는지 안 맞는지도 잘 모르겠어요. 매일 매일 울고 싶어요."

"드라이버만 잡으면 겁이 납니다. 또 OB가 나지 않을까. 정말 열심히 연습을 한다고 생각하는데 도대체 뭐가 문제인지 잘 모르겠어요. 한때는 새벽 5시에 나와서 밤이 되도록 연습을 한 적도 있어요. 간혹 시합이 끝나고 운전하고 올라오는 길에 사고를 내고 싶은 충동을 느끼기도 해요. 죽고 싶은 마음이 문득 문득 들어요."

비디오 스윙분석 시스템, 잘 쓰면 약! 못 쓰면 독!

현대 과학이 발달하면서 가장 획기적이고 과학적인 골프레슨 도구는 비디오 캠코더가 아닌가 한다. 최근에 와서는 컴퓨터의 발달로 인해 더욱 진화된 스윙분석 시스템이 출현하였고, 스마트폰의 탄생은 골프레슨의 신기원을 이루고 있다. 이러한 시대적 변화가 골프를 잘 치도록 하는데 과연 도움이 됐을까?

캠코더가 없었던 시절, 자신의 스윙을 직접 눈으로 본다는 것은 불가능한 일이었다. 거울이 있기는 하나 그것은 지극히 제한적이었고, 어느날 그것이 가능해졌을 때 골퍼들에게는 정말 희소식이며 놀라운 사건이었을 것이다. 우스꽝스러운 자신의 모습을 보기도 하고, 유명 프로들의 스윙과 비교분석이 가능해지고, 자신의 스윙 변화를 직접 확인할 수 있어 더없이 좋은 도구가 되었다. 골프를 가르치는 선생들에게 있어서는 고객을 확보하기 위한 수단으로써 그 역할을 톡톡히 해내기도 하였다.

제2부 홀인원을 결정짓는 두 갈래 길

이와 같은 문명의 발달은 우리에게 물질적 풍요와 편리한 삶을 제공해주었고 불가능을 가능케 하는 힘을 안겨주었다. 그러나 여기에는 충격적인 이면이 존재한다. 편리한 삶으로 인해 아이들의 비만은 늘어나고, 신체활동이 적어진 현대인들은 각종 성인병에 더욱 시달리게 되었다. 교통의 발달은 지구촌이라 일컬을 만큼 지구 전역을 근거리 생활권으로 만들어 주었지만 자동차 사고, 비행기 추락, 선박의 침몰 등 돌이킬 수 없는 재앙을 가져다주기도 하였다. 또한 이제는 석유제품의 과다 사용으로 인해 지구온난화, 이상기후, 환경파괴 등 우리 삶의 터전을 죽음으로 몰아가고 있다.

그리고 골프, 비디오 캠코더의 탄생은 분석골프의 시초가 되었고 컴퓨터의 발달은 완벽한 스윙을 갈망케 하는 감쪽같은 함정이 되어 주었다. 그리고 손쉽게 제 스윙을 찍어볼 수 있는 스마트폰은 오로지 폼이 좋아야 골프를 잘하는 것으로 인식시키는 데 지대한 역할을 하고 있다. 골프를 점점 스트레스의 대명사로 만들어 가고 있지만 그 스트레스의 근원은 무엇인지, 문명의 발달이 골프라는 세상에 매한가지 죽음으로 몰아가고 있다는 사실을 골퍼들은 알지 못한다. 이것 역시 스윙분석 시스템의 잘못된 사용으로써 문명 발달의 분명한 역기능에 포함된다.

그렇다면 이러한 스윙분석 시스템에 역기능만 있는 걸까? 그렇지는 않다. 문명의 발달이 편리함을 안겨 주었듯이 잘만 쓴다면 골프 연습에 아주 효과적인 도구로써 그 가치가 있는 것은 분명한 사실이다. 그 방법을 생각해보자면 다음과 같다.

제 스윙을 찍어 제 눈으로 직접 본다는 것은 자신의 무의식을 들여다보는 것과 같은 신비한 체험이다. 이것은 마치 내가 지금 밟고 있는 땅이 시속 1,600km로 돌고 있다는 사실을 지구 밖에서 직접 눈으로 확인해보는 것과 같다. '나'에 대하여 누구보다도 잘 알고 있는 사람이 바로 자기 자신이라고 철석같이 믿고 살아 왔건만 실상은 그렇지 않다는 사실, 우리는 이러한 사실과 마주했을 때 충격 아닌 충격을 받는다. 자아성찰은 이렇게 시작된다. 머리를 움직이지 않는다고 생각했는데 좌우로 요동치는 나의 스윙 모습, 백스윙의 궤도가 낮게 이루어진다고 생각했는데 그렇지 않은 현실, 팔을 쭉 뻗어 치기 위해 그토록 노력했건만 당겨진 팔 앞에 왜곡된 나의 인식에 탄식을 자아낸다.

비디오 스윙분석 시스템은 제 스윙을 제 눈으로 직접 확인함으로써 나의 인식과 현실에 대한 차이, 그 괴리를 확인하는 것, 그것으로 그 기능을 다한다. 스윙분석 시스템의 이러한 기능은 다시금 전혀 새로운 시도를 할 수 있도록 동기를 부여해준다. 이러면 스윙분석 시스템의 역할로써 충분하다. 여기에는 결코 각도를 잴 필요도 없고 줄을 그어 확인할 필요도 없다. 더욱 진화된 분석 프로그램의 개발은 'Double A-P 시스템'을 가속화시킬 뿐이다.

스윙분석 프로그램의 개발자 역시 골프의 진실을 알 리 없기에 더욱 그럴싸한 스윙분석 프로그램을 개발하는 데 여념이 없다. 자아성찰을 위해 자기객관화 과정이 필요하듯이 스윙분석 시스템은 자기 스윙을 제3자의 입장에서 볼 수 있도록 해주는 보조도구에 불과한 것이다. 아직도 스윙분석 시스템이 스윙을 익혀나가는 데 주요한 도구라 생각된다면 'Double A-P 시스템'의 한가운데 머물러있다는 사실을 알아야 한다.

한방에서 취급하는 약재 중에는 천금성, 초오, 부자, 박새라는 식물이 있다. 이것들은 독성이 강한 식물로서 적절량을 잘 복용하면 약으로써의 효험이 뛰어나지만 과다복용하거나 잘못 먹게 되면 죽음으로 몰고 가는 무서운 약이다. 조선시대 사극에 심심치 않게 등장하는 사약이 바로 이런 것들이다. 비디오 스윙분석 시스템! 컴퓨터 스윙분석 시스템! 이것 역시 잘 쓰면 약이 되지만 잘못 쓰면 사약을 퍼먹게 만드는 원흉이 되고 만다. 쥐약 제조기라고 하면 딱 좋을 것 같다. 부디 보기 좋고 그럴싸한 스윙분석 시스템에 현혹되지 않길 바란다.

I-double C 시스템
(본능- 집중-자신감)

노래의 힘은 참 대단하다는 생각이 든다. 노래 한 곡으로 사람의 마음을 흔들어 눈시울이 뜨겁게 만드니. 이뿐인가? 기쁘게 즐겁게 애틋하게도 만드니, 노래는 마치 '무의식의 나'에게 속삭이는 천상의 목소리와 같다. 이러한 속삭임에 반응하는 심사위원들은 '있는 그대로의 나'가 느끼는 심사평을 다음과 같이 쏟아낸다.

"저는 이게 문제인 거 같아요. 엔드류 최 씨의 노래를 들으면 심사위원 보아가 아니라 그냥 여자 보아로 듣는 게. 어휴, 안 반할 여자 어디 있겠어요. 노래를 이렇게 부르는데."

"저한테는 오늘 1등입니다. 가사랑 진심이 맞아 떨어질 때, 저는 눈물이 나려고 했던 적은 처음인 것 같고요. 끝없이 계속 소름이 돋아서……. 혹시 여자친구 있어요? 그 친구를 보면 이런 생각이 나요?"

"아~ 어떻게 이렇게, 아아~ 슬픈 노래로 가슴 저리게 하는 것은 어떻게 보면 쉬운데, 어떻게 기쁜 노래로 가슴을 저리게 하죠? 몸동작이 그렇게 세련된 거는 아닌데 이게 진짜기 때문에, 진짜기 때문에 저 동작이 무서운 거예요."

이렇게 애잔한 감동은 바로 있는 그대로의 진실성과 솔직함으로 그 노래에서 표현해내야 하는 감정을 진짜로 표현해내기 때문에 생겨난다. 우리도 이렇게 감동적인 골프를 쳐보자.

001

골프심리의 결정판
'I-double C 시스템'

앞서 언급한 'Double A-P 시스템'을 분석(analysis)-불안(anxiety)-집착(preoccupation)으로 이어지는 악순환이라 말한다면 'I-double C 시스템'은 본능(instinct)-집중(concentration)-자신감(confidence)으로 연결되는 선순환이라 말할 수 있다. 노래에 감동이 있듯이 골프를 감동적으로 치기 위해서는 바로 'I-double C 시스템'에 입각한 골프를 해야 한다. 모든 골프선수가 이렇게만 할 수 있다면 행복하지 않은 선수가 없을 것이다. 내가 이 책을 쓰는 이유도 바로 여기에 있다.

골프선수의 심리 핵심은 '얼마큼 누가 더 집중을 잘 하는가?'에 달려있다. 집중이다 집중!! 이 집중이라는 것은 'now and here', 현재 여기에만 초점을 맞추는 것을 말한다. 그런데 이 정도는 골프선수라면 대략 다 아는 사실이다. 그러나 정작 중요한 점은 어떨 때 집중이 잘 되고, 어떨 때 집중이 안 되는지는 잘 모른다는 사실이다. 이것을 모두 잘 안다면 투어시드가 있는 프로들이 모두 돌아가면서 우승할 것이다. 하지만 그렇지 않다는 사실을 그대도 잘 알고 있다. 우승하는 사람은 극히 제한적이고 매 시합 예선탈락을 고민하는 선수는 항상 그 짝이 그 짝이다.

이것을 잘 모를 수밖에 없는 이유는 바로 '집중'이라는 것이 '무의식에 있는 나'가 하는 일이기 때문이다. 다시 말해 '나도 모르는 나의 마음'이 하는 일이라 '의식에 있는 나'는 감히 범접할 수 없다는 이야기이다. '무의식에 있는 나'를 조종하는 법을 배우는 것이 이 책의 핵심이며, '무의식에 있는 나' 또는 '있는 그대로의 나'를 깨우친다는 것은 물길을 내주면 내주는 대로 물이 흐르듯, 내 마음을 조종할 수 있게 된다는 말이다. 자신의 '마음 지도'를 그려보는 경험이 바로 '무의식에 있는 나'를 들여다보는 것이고 의식으로는 범접할 수 없는 영역에 접선을 시도하는 것과 같다. 이러한 과정이 집중력을 본질적으로 향상시킬 수 있는 탁월할 방법이라 나는 생각한다. 1부 '마음 공부'에서 엄청 많이 떠들었던 내용이다.

그렇다면 어떻게 이 '집중'을 잘 해낼 수 있을까? 이것만 잘 해낸다면 '골프선수 누구라도 우승을 할 수 있다'고 나는 단언한다. 과연 그것을 잘 해낼 수 있는 방법은 무엇일까? 방법이 있기는 있는 것인가? 그것은 바로 본능이고 감(感)에 기초한다. 자신의 '마음 지도'를 그려본다는 것은 '본능의 지배자'를 만나는 일이다. 이 '본능의 지배자'가 하는 일이 바로 '집중'이기 때문이다.

집중력 향상을 위한 심리기술 프로그램 따위는 보기 좋은 껍데기에 지나지 않는다. 집중력을 높인답시고 감히 설문지나 뇌파센서 같은 것으로 현혹하지 마라. 현혹당하지도 마라. 골프선수인 그대가 집중력을 높이고 싶다면 차라리 표적을 정해놓고 골프공 10개를 던져보라. 이렇게 단순한 목적을 이뤄낼 수만 있다면 그 자체로 '집중'한 것이다. 이것을 이뤄낸다는 것 자체가 100% 본능과 감(感)이 아니라면 할 수 없기 때문이다. 따라서 골프를 본능적으로 할 수만 있다면 '집중'은 자동으로 따라 온다는 이야기이다.

그렇다면 '본능'과 '감(感)'의 의미를 되새겨 보자. 본능이 선천적으로 할 수 있는 것, 배우지 않고도 할 수 있는 것이라고 한다면 감(感)은 느낌이다. 여기에는 '본능(감)이 곧 집중', '집중이 곧 본능(감)'이라는 것을 이해하기 위한 가장 중요한 사실 하나가 있다. 그것은 바로 본능과 감, 이 둘 사이에는 '머리로 생각하지 않는다'라는 공통점이 있다는 점이다. 그렇다면 이것을 잘하려면 과연 어떻게 해야 하는가?

그냥 하면 된다.

혹시 집중에 대해 그렇게 중요하다고 역설했다 해서 뭔가 특별한 방법이 있을 것이라 기대하였는가? 집중을 잘하는 방법이 너무 싱거운가? '무의식에 있는 나'는 이렇게 조종되어지는 것이다. 혹자는 '그래도 최소한의 뭔가는 해야 되지 않느냐?'라고 자꾸 반문을 해댄다.

그래도 나의 답은 '그냥 하면 된다'이다.

여기서 '그냥 하면 된다'라고 말하지만 사실 어렵고 복잡한 과정을 거친 후에서야 그 숨겨진 진실을 만날 수 있다. 이렇게 이야기하면 그 숨겨진 진실이 미치도록 알고 싶겠지만 역시 답은 '그냥 하면 된다'이다. 이 말에 조금도 의심을 품지 않고 골프를 할 수 있다면 결국 진실을 알 수 있다. 사실 숨겨진 진실 따위는 알 필요도 없고 그것 자체가 쓸데없는 시간낭비이다. 이 점을 잊지 마라! 대부분의 골프선수는 그 의심병에 걸려있다는 사실을!

의심병이 많은 그대를 설득하기 위해 한 가지 예를 들어보겠다. 걸음을 걸을 때 혹은 뛸 때, 숟가락으로 밥을 먹을 때 그대는 더욱 잘 걷고, 잘 먹기 위해서 무언가 생각하는 것이 있는가? 이런 동작에는 책 한 권으로도 모자란 수많은 역학적 원리가 숨어 있다. 과연 이것을 공부하고 연습한 후에 걷고 퍼먹을 것인가?

그냥 걸으면 되고, 그냥 먹으면 된다. 아무 생각 없이.

10m 전방의 목표물에 골프공을 던져보자. 그냥 던져 맞추는 것이다. 편한 대로, 네 맘대로. 그대는 이 순간 더 정확하게 던지기 위해서 손목의 콕킹을 생각하는가? 아니면 팔꿈치의 각도를 생각하는가? 탑의 모양을 생각할 것인가? 그대는 과연 이것을 연습한다 해서 더 잘

던질 것이라고 생각하는가? 휴지 뭉치를 쓰레기통에 던지는데 뭔 생각을 하는가 이 말이다.

그냥 던지면 된다. 아무 생각 없이.

'걷는 것', '던지는 것'을 더욱 잘하기 위해서 그 역학적 원리를 공부하고 싶다면 대학의 물리학과에 입학해라. 이것도 모자를 것 같으면 석·박사과정까지 마쳐보라. 그래봤자 '그냥 걷고 그냥 던지면 된다'는 사실을 깨닫고 졸업할 것이다. 이것이 숨겨진 진실이다.

집중과 본능의 공통요소는 우뇌의 활성화에 있다. 우뇌는 본능적, 직관적, 창조적인 역할을 담당하는 반면, 좌뇌는 분석적, 체계적, 수학적인 역할을 담당한다. 만약 집중과 본능이 서로 상이한 뇌 영역으로 나뉘었다면 그 둘이 이렇게 같이 따라다니는 것이라고 이야기하지 못했을 것이다. 이렇게 집중과 본능의 관계는 불가분의 관계로 이해해야 한다.

골프를 잘 치기 위한 또 하나의 중요한 요소가 있다. 바로 자신감이다. 자신감에 대해서는 1부에서도 언급한 바 있기 때문에 공부가 조금 됐을 것이다. 혹시 안 됐다거나 생각이 안 난다면 다시 갔다 오시라. 기다릴 테니. 이 자신감 역시 본능과 집중에게서 따로따로 뗄 수 없는 불가분의 관계에 있다. 즉 본능은 그 자체가 집중이라면, 집중이 되어 하는 일은 자신감이 생길 수밖에 없다는 이야기이다. 이 말인즉슨 본능과 집중으로 생기는 자신감은 '있는 그대로의 나'가 '그냥 하면 된다'는 사실을 여실히 느끼는 것이다. 또한 '무의식의 나'가 할 수 있다는 확연한 믿음을 갖고 있는 것이다. 뿌리가 있는 자신감이다.

반면, 뿌리가 없는 가짜 자신감은 기술에 얽매여 그것의 연습을 통해 얻어진 자신감을 말한다. 그것은 본능과 집중에 의해 획득되지 못하였기 때문에 시종일관 유지를 위해 애써야 한다. 따라서 그러한 노력이 잠시 멈춰지기라도 한다면 언제 날아갈지 모르는 가짜 자신감이 되는 것이다. 자신감에 가득 차 있는 척 1번 홀을 출발하여, 오만상 찌푸리고 18번 홀 그린을 떠나야 했던 씁쓸함, 많이들 경험했으리라.

정리를 해보자면 본능은 집중을 수반하는 것이고, 이것 자체는 내가 배우지 않고 그냥 할 수 있는 일이다. 따라서 충만한 자신감이 생성된다는 것이다. 'I-double C 시스템'이란 본능(instinct), 집중(concentration), 자신감(confidence)이 한데 어우러진, 떼려야 뗄 수 없는 불가분의 관계, 즉 또 하나의 삼위일체이다. 이는 행복한 골프, 기쁨이 넘치는 골프라 할 수 있다. 'I'에서 '두 개의 C'가 나오고 '두 개의 C'는 다시 'I'로 돌아가는 선순환 체계로 이해하면 되겠다. 이 시스템이 바로 내가 말하는 '우승 마인드'를 기초하는 심리구조이다. 이것 역시 영어로 조합해보니 'Double A-P 시스템'과 대비되어 보기가 좋은 것 같다. 아직도 영어식 표현이 좋아 보이는가? 껍데기에 싸여있는 자신을 통찰하라.

002

골프는 감(感)이 전부다

이제부터 'I-double C 시스템'에 대해서 좀 더 심도 있게 살펴보자. 첫 번째는 Instinct!! 본능이다. 나는 이 책에서 '본능'이라는 것을 이렇게 정의하고 싶다.

'언제 어디서나 마음만 먹으면 누구든지 할 수 있는 것.'

어떤가? 동의할 수 있는가? 배우지 않고 할 수 있는 것, 태어나면 서부터 할 수 있기에 언제 어디서나 마음만 먹으면 쉽게 할 수 있는 것, 이것이 본능이다. 까치가 만든 집을 보았는가? 비바람이 쳐도, 태풍이 불어도 끄떡없다. 부실공사로 무너지는 건물을 지은 장본인들은 까치에게 건축학을 배워야 한다. 쇠똥구리의 쇠똥구슬을 보았는가? 제 몸보다 더 큰 쇠똥구슬을 기가 막히게 만들어 낸다. 그리고 그 속에 알을 낳고 알에서 깨어난 애벌레는 그 쇠똥구슬을 먹고 자라난다. 이렇게 해서 쇠똥구리는 번식에 성공한다. 이 과정은 가히 예술적이고 경이롭다. 또한 거미가 쳐놓은 거미줄을 보았는가? 그대에게 한 뭉치의 실을 가져다준다면 거미처럼 짤 수 있겠는가? 이렇게 '스스로 그러한' 자연의 소식은 그저 놀라울 따름이다.

골프를 이렇게 해보자. 까치와 쇠똥구리가 무슨 지능이 있어서 이렇게 예술적 경지의 놀라울 능력을 발휘하겠는가? 그대는 쇠똥구리보다 못한가? 인간에게는 이보다 더한 예술적 경지의 능력이 있음을 어찌 깨닫지 못하는가?

지능을 발휘하지 마라! 머리도 쓰지 마라! 생각도 하지 마라!
오로지 느낌이며 감(感)이다.

인간에게는 섬세함을 발휘할 수 있는 탁월한 뇌의 능력이 있다. 그 뇌의 능력은 오직 인간만이 가지고 있다는 사실을 그대도 알고 있지 않은가? 그 탁월한 능력을 믿지 못하는 것은 '있는 그대로의 나'를 믿지 못하는 것과 같다. 뿌리가 없는 자신감이 바로 여기서 나온다.

골프선수들 중에는 연습을 많이 하지 않음에도 불구하고 성적을 참 잘 내는 선수들이 있다. 이런 선수들을 일컬어 '감(感)이 참 좋다'라는 말을 하곤 한다. 여기에는 참으로 무지하고 우매한 군중의 소식이 있으니 그 선수는 '감(感)이 참 좋은 것'이 아니고 '오로지 감(感)으로 하는 선수'라는 것을 모르는 것이다.

나의 학생들 중에도 이런 경우가 있다. 연습!! 안 한다. 하더라도 딱 할 만큼만 한다. 그 이상은 필요가 없다는 것을 본능적으로 느끼기 때문에 의무적인 연습은 절대 안 하는 것이다. 여기에는 결코 간과할 수 없는 사실이 있는데 이런 학생들이 결국 우승을 차지한다는 점이다. 프로무대든 아마추어 무대든 모든 선수들이 갈망하는 그러한 실력을 유감없이 뽐낸다는 이야기이다. 여기에는 어떠한 이유가 있다고 생각되는가?

그들은 '언제 어디서나 마음만 먹으면 누구든지 할 수 있는 것'을 하기 때문이다. 시합이라는 시간과 공간에서 지능을 발휘하지 않고, 머리를 쓰지 않고, 생각하지 않고 할 수 있는 바로 그것을 하기 때문에 그들은 쇠똥구리가 선보이는 예술을 보여줄 수 있는 것이다.

한국의 골프선수가 이목을 집중시킬만한 큰 시합에서 우승을 하거나 세계적인 골프선수로 성장했을 때, 매스컴은 그 선수를 이렇게 미화시키곤 한다. '하루에 공을 몇천 개씩 친다', '손에 피가 나도록 연습을 한다.' 이처럼 불굴의 의지와 험난한 역경을 예로 들며 마치 그것이 성공의 전부인 것처럼 소개한다. 물론 이렇게 노력을 하는 선수들도 있다. 그리고 이렇게 노력을 해야 할 때도 있다. 하지만 꼭 노력만이 전부는 아니다. 심지어는 노력을 하지 않고도 우승을 하는 선수들이 있다. 그런데 매스컴은 이러한 피나는 노력이 없으면 안 된다고, 혹은 이것이 전부인 것처럼 조장한다. 왜냐하면 그렇게 '죽을 똥 싸고 노력했으니까 성공했다'라고 해야 스토리가 되기 때문이다. 결국 이러한 매스컴의 노력은 일반선수들에게 '더 열심히 할 것이다', '최선을 다하겠다'라는 상투적인 각오만 주입시키고 만다.

　우리가 주목해야 할 문제는 '연습량'이 아니고 바로 '어떻게 연습하느냐?'에 있다. 매스컴은 이러한 본질적 문제를 알 수 없다. 매스컴의 소개는 그저 대중들이 납득하고 공감할 만한 스토리를 갖다 붙이는 것에 불과하다. 피나는 노력으로, 죽을 똥 싸고 연습을 해서 우승한 선수 역시 그토록 연습만 많이 해서 성공한 것이 아니다. '감(感)의 연습'을 잘 했기에 시합에서 성공할 수 있었던 것이다. 우리가 흔히 우스갯소리로 하는 이야기가 있다.

'연습은 독이다.'

　그냥 하는 소리가 아니다. 본능과 감(感)의 연습이 아닌 엉뚱한 연습을 한다면 독이 된다는 뜻이다. '감(感)이 좋은' 선수가 아닌 '오로지 감(感)으로 골프를 치는' 나의 학생에게 나는 물어본다.

"너의 우승 비결은 뭐냐? 그렇게 연습도 안 하고……. 너만의 특별한 방법이 도대체 뭐냐?"
"그냥 치는 데요~. 그냥."

　그대는 '그냥 친다'는 말에 어떤 의미를 부여하고 싶은가? 행여 성

골프, 마음의 게임

의가 없이 보이는가? 아니면 말재주가 없는 사람처럼 보이는가? 절대 그렇지 않다. 가감 없이 솔직하게 해준 답변임을 의심하지 마라. 이러한 질문에 어떤 특별한 내용을 기대했다면 그대는 아마도 예선통과가 목표인 골프를 하고 있을 것이 분명하다.

이와 같은 골프의 특성은 노래에서도 엿볼 수 있다. 자, 그럼 오디션장으로 가서 심사평을 한번 들어보자. 한 여성 참가자가 시원한 고음과 폭풍성량을 자랑하며 기교 넘치는 노래를 선보였다. 그럼에도 불구하고 이 참가자는 심사위원으로부터 다음과 같은 혹독한 평가를 받는다.

심사위원 1 _ 피겨스케이팅 보신 적 있어요? 김연아 선수. 끝나면 기술점수가 있고 예술점수가 있더라고요. 기술점수 90점, 예술점수 0점. 사랑하는 사람이 떠났어요. 상상만 해도 너무 아픈 일이 뭐냐면, 지금 어디서 다른 사람하고 있을 것 같은 거예요. 품에 안겨있고 입 맞추고 (아픈 표정 지으며) 아⋯⋯, 이 감정 어디 갔어요? 절 보고 웃어요? 0점이에요 0점!! 혼나야 돼요, 아주. 예술작품이라는 것은 감정의 표현이에요. 좋은 가수가 되기 전에 좋은 연기자가 되세요. 이 가사가 무슨 내용인지 알고 몰입하세요. 집중해서.

심사위원 2 _ 그 얘기를 간략하게 다시 말씀드리자면, 마이클 잭슨이

기본적으로 소울 감성이 대단한 가수예요. 근데 거기서 소울이 빠졌어. 몸속에서 우러나와서 부르는 게 아니라, 그냥 잘 따라 부르는 것 같은 느낌. 부모님이 다 교직에 계셔서 그런지 너무 공부하는 것 같아요. 음악을 공부하지 마세요. 그냥 느끼세요. 편안하게 자기 것을 부르세요.

심사위원 3 _ 저는 이 곡의 가사를 몰라요. 몰라서 노래하는 내내 '아 표정 좋다'라고 생각을 했어요. 전 그냥 모른 채로 심사를 하겠습니다. 두 분의 얘기가 무슨 이야기인 줄 알겠는데 마이클 잭슨을 저 정도로 따라하면 다른 노래들도 굉장히 잘할 것 같거든요. '노래! 기가 막히게 잘하는구나.' 이런 느낌 받았어요.

'기가 막히게 잘한다'라는 심사평이 나올 정도로 이 참가자의 기교는 완벽하리만큼 뛰어났다. 하지만 노래에 감정과 소울이 빠져 있다고 가차 없는 혹평을 받았다. 노래의 목적이 무엇인가? 심사위원의 말처럼 '노래'라는 수단으로 감정을 표현하는 것이다. 듣는 사람이 그 감정을 느낄 수 없다면 실패한 노래가 된다. 감동이 있을 리 만무하다. 이것은 골프에 그대로 적용될 수 있는데, 아무리 폼과 기술이 화려하다 해도 본능과 감이 아닌 골프를 한다면 성공적인 시합을 할 수 없다는 말과 같다.

'감정전달에서 오는 감동의 노래' 그리고 '본능과 감의 골프.'

이 둘은 '무의식의 나', '있는 그대로의 나'가 하는 일로써 모두 우뇌의 활성화로 이루어지는 공통점이 있다. 이것은 지능을 발휘하는 일도 아니고, 머리를 쓰는 일도 아니고, 생각해서 하는 일도 아닌 그러한 것이다.

또 다른 참가자의 심사평을 들어보자. 폭발적인 고음과 뛰어난 가창력으로 가수 못지않은 실력을 보였음에도 불구하고 이 여성 참가자는 심사위원으로부터 다음과 같은 지적을 받는다.

심사위원 1 _ 제가 아까 박지민 양 심사 때도 같은 말을 했었는데 가창력과 진심 이게 두 가지가 다 전달이 되면 100점이 되겠죠. 박지민 양이나 이미쉘 양은 가창력은 충~분해요. 남아요. 지금 가창력은 잠시 뒤로 좀 묻어 놓고요. 감정 전달만 생각을 해야 될 거 같아요. 입에서 나와서 귀로 들어오는 게 가창력이라면 가슴에서 나와서 가슴으로 들어오는 게 진심이겠죠. 물론 오늘도 그런 제스처나 그런 건 느꼈는데 그게 왠지 연기 같았어요. 더 깊이에서 나왔으면 좋겠는데, 그래서 역시 이미쉘 양도 좀 가사랑 시간을 많이 보내야 되지 않을까. 이게 마치 영화 대사라고 생각하고, 멜로디 빼고 말을 좀 많이 해봐서 진짜 가슴 깊이 넣었다가 빼면 '눈물이 안 났어'를 불렀을 때 그 마음에, 오늘 가창력이면 100점도 나올 거 같아요. 왜냐면 가창력은 하루아침에 늘지 않지만 진심은 한 번에 될 수도 있거든요.

이 참가자 역시 가창력은 좋은데 진심이 전달되지 않는다는 심사위원의 말을 들었다. 여기서 이 심사위원은 골프와 노래. 이 둘을 잘하기 위한 기가 막힌 공통점을 심사평으로 남긴다.

"가창력은 하루아침에 늘지 않지만, 진심은 한 번에 될 수도 있거든요."

진심을 전달하고 감정을 표현하는 일이 굳이 연습을 해서 하는 일인가? 그냥 하면 되는 일 아닌가? '있는 그대로의 나', '항상 그러한 내 마음'이기에 언제 어디서나 마음만 움직이면 누구든지 할 수 있는 일이다. 골프에서 '본능과 감(感)'도 바로 그러한 것이다. 연습을 통해서 완성되어지는 것이 아닌 누구든지 마음만 먹으면 그 자리에서 해낼 수 있는 것, 바로 그것이다. 골프를 이렇게 이해한다면 하루아침에 다른 골프를 칠 수 있으며 이보다 더 쉬운 골프가 없게 될 것이다.

003

또 하나의 감(感), 조준

'I-double C 시스템'에서 이야기하는 본능에는 공을 치는 방법론 외에 또 다른 본능이 있다. 그것은 얼라이먼트라고 하는 '조준'이다. 조준은 골프 수행에 있어서 매우 중요한 요소이다. 왜냐하면 아무리 좋은 스윙이라도 조준이 잘못되어 있으면 공을 원하는 곳으로 보낼 수 없기 때문이다. 이것 역시 '배우지 않고 할 수 있는 것', '언제 어디서나 마음만 먹으면 누구든지 할 수 있는 것'으로 정의할 수 있는 본능이다.

골프는 사격, 양궁과 같이 표적을 누가 더 정확하게 맞추느냐로 게임의 승패가 좌우되는 '타깃(target)' 게임이다. 그러나 골프와 사격(양궁)의 다른 점을 생각해보면 격발(스윙) 시 표적을 눈으로 주시하지 않는다는 점, 일련의 몸동작이 필요하다는 점에서 골프는 사격(양궁)과 차이가 있다. 이러한 차이점은 표적에 집중하지 못하도록 만들고 스윙 중 다른 생각을 하게 만든다. 다시 말해 공을 표적으로 보내는 노력을 하는 것이 아니고 표적과는 상관없이 스윙을 위한 몸동작만을 어떻게 해보려 한다는 것이다. 물론 각자의 루틴 안에서 표적과 정렬을 시도할 것이다. 하지만 이 순간, 몸이 표적에 반응하는 것이 아니고 머리로 하는 조준이라면, 그것은 눈감고 방아쇠를 잡아당기는 멍청이 사격과 다를 바 없다.

그렇다면 '몸이 표적에 반응한다'는 말은 무엇을 의미하는 것일까? 이것 역시 '지능을 발휘할 필요도 없고 머리도 쓸 필요도 없고 생각할 필요도 없는, 오로지 느낌이며 감(感)이다'라고 이야기하고 싶다. 이렇게 한번 생각해보자. 반경 5m인 큰 시계가 있다. 나는 시계 중심에 서 있다. 그리고 1에서 12까지 볼 바구니를 숫자 위에 삥 둘러놓는다. 누군가가 12개의 숫자 중 하나를 외치도록 한다. 그리고 나는 그 방향의 바구니로 공을 던진다. 이쪽저쪽 연속해서 약간 빠른 속도로 외치도록 한다. 외치는 소리에 따라 나도 바구니를 향해 공을 던진다. 이때 방향에 따라 자연스럽게 몸이 움직이도록 내버려둔다. 어떤가? 외치는 소리에 따라 몸이 저절로 움직여지지 않겠는가? 좀 더 정확하게 던지기 위해 무슨 생각을 하겠는가? 몸은 이렇게 반응하는 것이다.

1루 주자를 견제하기 위해 갑작스레 던지는 투수의 공, 이 순간 동작에 대해 무슨 지능을 쓰겠는가? 오로지 표적을 향해 몸이 반응하는 순간이다. 2대1 패스로 수비수를 따돌리는 축구선수, 좀 더 정확한 방향으로 패스를 하기 위해 그 순간 무슨 생각을 하겠는가? 화려한 드리블로 점프 슛을 성공시키는 농구선수, 찰나의 순간에 머리 쓸 겨를이 있겠는가? 오로지 느낌이며 감이 필요한 순간이다.

　이렇게 몸을 반응시킨다는 것은 내 몸이 움직이도록 그냥 내버려 두는 것을 말한다. 표적을 정하고 몸의 느낌이 그 표적을 향해 달려간 다면 '몸이 반응한다'는 것은 지극히 일상적인 사건이다. 내 몸은 표적을 향해 스스로 알아서 움직일 것이다. 다시 말해 좀 더 정확하게, 좀 더 일관성 있게 정렬하기 위해 어떠한 특별한 노력이 필요 없다는 이야기이다. 그냥 서면 되고 그냥 치면 되는 것이다. 만약 스윙 시 조준이 잘못되어 공이 원하는 대로 가지 않는다면 다음에 다른 느낌으로 정렬하면 된다. 이런 과정을 반복하다 보면 어느새 자기도 모르게 일관된 느낌이 자리 잡을 것이다. 그리고 그것을 믿고 샷을 하면 이보다 더 정확한 조준이 없게 된다.

　골프에서의 스윙은 공을 원하는 곳으로 보내기 위한 수단에 불과하다. 수단이 목적이 되어서는 예선통과가 목표인 골프를 할 수밖에 없다. 우리의 목적은 완벽한 스윙을 만드는 것이 아니고 공을 원하는 곳으로 보내는 것이 되어야 한다. 이 점을 다시 한 번 상기하기 바란다. 연습장에서 자신의 연습 패턴을 돌아보라. 행여 표적 없이 연습을 하고 있지는 않은가? 혹시라도 직사각 매트 방향으로만 똑바로 치려 들지는 않는가?

004

집중의 메커니즘

자, 이번엔 'I-double C 시스템'의 두 번째 Concentration!! 집중이다. 집중이란 앞에서 언급한 바 있듯이 현재 지금 하는 일에 몰두하는 것을 말한다. 골프에서 집중을 잘한다는 것은 뇌신경학적 개념에서 말하자면, 눈으로 입력된 정보를 몸의 움직임으로 출력하는 과정으로 설명할 수 있다. 그 과정은 다음과 같다.

몸의 감각(눈) → 말초신경계 → 중추신경계 → 척수 → 뇌,
다시 뇌 → 척수 → 중추신경계 → 말초신경계 → 몸의 움직임.

이렇게 집중이라는 것은 가능한 최소의 신경회로만 활성화시켜 최소한의 일만 수행하는 것을 말한다. 순간 커져서 눈으로 들이닥치는 축구공을 생각해보자. 눈이라는 감각기관이 공을 확인하고 그것에 반응하는 시간은 그야말로 찰나의 순간이다. 이렇게 찰나에 일어나는

신경회로 구축이 어디 자신의 의지대로 떡 주무르듯 할 수 있는 일이라 생각하는가? 혹은 계획하고 할 수 있는 일이라 생각하는가? 이것이 바로 '의식 속에 있는 나'가 '무의식에 있는 나'에게 범접할 수 없는 이유이다.

골프에서의 집중을 이렇게 생각해보자.

집중의 마음은 마치 물과 같은 것이다. 물은 한 길로 흐르고 싶어 한다. 하지만 길이 난 곳이라면 어디든 흘러갈 수도 있다. 또한 막히면 막히는 대로 머무르기도 한다. 그러다 틈이 생기면 또 새어나간다. 새어나간다고 해서 우리는 그 자체를 손으로 잡아 돌릴 수는 없다. 이것은 마치 우리 몸에서 신경회로로 흐르는 신경전달물질과 같다.

물은 또한 특정한 모양을 가지고 있는 것은 아니지만 용기에 따라 그 모양을 얼마든지 바꿀 수 있다. 이는 그것 자체를 직접 손을 써서 만들 수는 없지만, 세모든 네모든 그 용기의 모양에 따라 수시로 변할 수 있다는 이야기이다. 이것은 마치 변화무쌍한 우리의 마음과 같다.

내가 말하는 집중은 이렇게 손으로 잡아 돌릴 수 있는 것도 아니요, 손을 써 모양을 만들 수 있는 것도 아니다. 의도하는 바로 물을 보내려면 그러하게 길을 터주면 되고, 그러하게 용기를 써주면 된다. 집중하는 것을 어렵게 느끼는 까닭은 변화무쌍한 물을 손으로 어떻게 해보려는 것과 같기 때문이다.

집중은 '무의식에 있는 나'가 하는 일이다. '무의식에 있는 나'를 조종한다는 것은 마치 갓난아기를 돌보는 것과 같다. 아기는 엄마가 늘 곁에서 먹여주고, 달래주고, 재워주고, 씻겨주고, 놀아줘야만 한다. 그렇지 않은가? 갓난아기가 혼자서 무슨 일을 할 수 있겠는가? '무의식에 있는 나' 역시 마찬가지이다. '무의식에 있는 나'를 키우고 성장시키기 위해서는 먹여주고 달래주고, 마치 아기처럼 시종일관 신경써줘야만 한다. 집중하는 것을 어렵게 느끼는 까닭은 갓난아기한테 먹고, 자고, 씻고를 혼자 알아서 하라는 것과 같기 때문이다. 결국 집중을 잘하려면 아기를 돌보듯 '무의식의 있는 나'를 잘 돌봐줘야 한다.

시합을 하는 선수들이 스스로 집중을 깨먹는 경우는 크게 두 가지이다. 하나는 스윙의 메커니즘을 생각하면서 시합을 하는 경우이고, 또 하나는 순간순간의 생각이 현재에 있지 못하고 과거나 미래에 있는 경우이다. 지난 홀의 어처구니없는 실수, 과거에 특정장소에서 실수했던 기억 등 이러한 생각들이 불현듯 떠오른다면 흐르는 물이 옆으로 새는 것과 같다. 이것은 생각이 현재에 있지 않고 과거에 있는 경우이다. 이는 실수는 언제 어디서든 나올 수 있다는 수용적인 태도가 없기에 그렇기도 하지만 '무의식의 나'가 왜 그것을 떠올려야만 하는지에 대한 무지에서 비롯된다. 생각이라는 것이 어디 맘대로 되는 것인가? 생각나는 것을 누굴 탓할 수 있는가?

생각이 현재에 있지 못하고 미래에 있는 경우를 생각해보자. 항상 예선탈락이 걱정되는 선수는 몇 언더 혹은 얼마의 스코어에서 커트

(cut)가 될지 초미의 관심사이다. 그리곤 동반자들끼리 얼마에서 컷이 될 것이라고 아옹다옹하면서 도토리 키재기를 한다. 내심 컷이 불안해지면 점수를 줄이기 위해 평소에 안 하던 무모한 공략을 시도하게 된다. 그러나 OB, 해저드로 간 후에야 자신의 무모함을 후회한다.

또한 시합을 뛰는 선수들은 현재 자신의 등수가 자못 궁금하다. 갤러리들이 자신의 이름을 거론하면 귀가 솔깃해지고 스코어보드라도 있다면 참새가 방앗간 그냥 못 지나가듯 꼭 보고야 만다. 그리고 조금만 더 올라간다면, 더 올라간다면 하고 욕심이 꿈틀꿈틀 움직이기 시작한다. 내가 받을 상금을 계산하기라도 하면 평소에 안 하던 다른 공략이 떠오르기 시작한다. 좀 더 가까이, 좀 더 멀리, '무의식의 나'는 갈망하고 만다. 우승에 가까워진 상위권 선수들은 트로피를 들고 있는 자신의 모습을 상상하고, 우승상금이 얼마인지 다시 한 번 상기하고, 인터뷰는 또 어떻게 할 것인지, 우승 세레모니는 어떻게 할 것인지, 달콤한 상상을 자꾸자꾸 하고 싶어 한다. 시합 중에 이런 생각들이 든다면 결코 남은 경기에 도움이 되지 않을 것이다. 집중이라는 흐름에 구멍이 났다는 사실을 미처 깨닫지 못하고 있는 것이다.

생각나는 것을 애써 생각 안 나게 하는 것은 마치 옆으로 새는 물길을 손으로 막고 있는 것과 같다. 언제까지 손으로 막고만 있을 것인가? 밥 먹고 똥 싸러는 안 갈 것인가? 그것은 마치 갓난아기한테 혼자 밥 챙겨먹고 혼자 씻으라고 하는 것과 같다. 과연 그것이 가능한 일인가? 말도 안 되는 일이다. 근본적인 대처는 '무의식에 있는 나'를 이해하는데 있다.

이렇듯 집중은 '무의식에 있는 나'가 하는 일이고 '있는 그대로의 나'가 하는 일이다. '있는 그대로의 나'가 할 수 있는 일! 그것이 무엇인가? '언제 어디서나 마음만 먹으면 누구든지 할 수 있는 것', 그것이 아닌가?

집중의 메커니즘을 이해할 수 있는 요소는 노래를 평가하는 오디션 무대에서도 확인할 수 있다. 그럼, 오디션에서는 집중에 대해서 어떻게 이야기하는지 살펴보도록 하자.

허스키한 목소리를 가진 한 여고생이 기타를 들고 무대에 올랐다. 기타연주와 함께 노래를 마친 참가자는 수줍은 듯 미소지으며 심사평을 기다린다.

심사위원 _ 목소리 너무 좋아요.

참가자 _ (만족스러운 듯 미소 지으며) 감사합니다.

심사위원 _ 문제는 목소리만 좋아요. 기타도 치신지 얼마 안 된 거 같고, 이 방송을 보시는 모든 오디션 참가자 여러분들께 제가 부탁드리고 싶은 것은, (강조하는 듯한 표정으로) 악기가 자기 신체 일부 정도로 자유롭지 않으면 연주를 안 하는 게 나아요. 왜냐하면 내 신경을 빼앗아 가잖아요. 저는 불합격 드릴게요.

이 심사위원은 참가자가 무안할 정도로 단호한 목소리로 지적하였다. 바로 집중에 관한 부분이었다. 노래의 감정과 그 분위기에 취해 있어야 했는데 기타 코드 잡기에 급급한 모습이 심사위원의 눈을 피할 수 없었던 것이다. 이렇게 노래에서의 집중 방해는 서투른 악기솜씨뿐만 아니라 다른 요소에서도 찾아볼 수 있다. 다른 참가자의 심사평을 들어보도록 하자.

16세의 이 남성 참가자는 기존 가수인 성시경 씨의 목소리를 너무 닮았다고 지난 무대에서 계속해서 지적을 받아왔다. "가수가 되기 위해서는 가수 성시경 씨가 은퇴를 할 때까지 기다려야 한다"는 심사평을 들을 정도로 똑같은 목소리에 대한 혹평을 받았다. 이러한 지적을 받아온 참가자는 다른 여성 참가자와 듀엣이 되어 무대를 꾸몄다.

심사위원 _ (감탄스러운 듯) 아~ 처음에 진짜 좋았는데, 딱 첨에 종빈 군이 뒤돌아 있고 태연 양이 노래하면서 탁~ 돌 때, 등에서 소름이 쫙 끼쳤거든요. 그 목소리와 그 표정연기와 돌아서 있던 종빈 군의 그 서 있는 자세만으로도 너무 좋았거든요. (아쉬운 듯한 표정으로) 그런데 뒤로 가면서 완전히 무너진 거예요. 왜냐하면 아직 둘이 화음을 맞춰서 노래하기에는 각자가 너무 불안해요. 그리고 종빈 군이 성시경 씨와 다르게 부르려고 애를 쓰다보니까 거기에 모든 신경이 가 있고 노래 감정에는 집중을 하지 못했어요. '맞어! 나 성시경 씨와 다르게 불러야 돼!' 여기에 모든 마인드가 가 있다 보니까 종빈 군 몸에 힘이 계속 들어가 있었어요. 처음부터 끝까지. 그리고 종빈 군이 또 그렇게 불안하니까 같이 태연 양도 흔들리고, 아~ 저는 진짜 최고의 듀엣이 나오려나보다 했었어요. 참 아쉽네요.

집중에 관련된 심사평을 한 사례만 더 보도록 하자.

한 소녀가 무대 위에 올랐다. 기교라고는 찾아볼 수 없는 이 소녀의 노래에는 사람의 마음을 흔들 수 있는 순수한 목소리가 있었다. 한 심사위원은 무시무시한 돌직구를 가지고 있다며 꾸밈없는 목소리에 무한한 성장 가능성을 시사하기도 하였다. 이 소녀는 부활의 명곡 'Never Ending Story'를 애잔한 목소리로 선보였다. 그러나 냉철한 어느 심사위원이 예상치 않은 혹평을 쏟아냈다.

심사위원 _ 지금 문제는 기교, 고음 이게 아니에요 지금. 제가 제일 처음에 한 게 뭐냐면, 이 가사를 주고 이 가사를 너한테 맞는 이야기로 써오라고 했어요. 사실처럼 느껴지게, 자기 나이에 맞는…….
(연습실에서 레슨을 받는 장면) 네가 노래를 딱 하는 순간에 그게 타

악~ 떠올라야 돼. 그 이야기가……. 그게 이렇게 계속 눈에 떠오르면서 계속 노래를 해야 돼. 알겠지? 나랑 약속 하나만 해다오. 너만의 이야기를 생각하면서 불러라.

심사위원 _ (오디션 무대에서 노래를 마친 후) 생각하면서 불렀어요?

참가자 _ (머리를 긁적긁적하며 대답을 못한다) …….

심사위원 _ 첫 번째로는 왜 그렇게 빨리 불렀어요? 굉장히 빨랐어요. 템포가 원래 연습했던 거보다. 저는 그걸 보고 아~ 이미 감정을 놓쳤구나 싶었어요. 막 달려가기 시작한 거예요. 느낄 겨를이 없이.

'이미 감정을 놓쳤다.' 이 말이 무엇이겠는가? 계속 눈에 떠오르면서, 자신의 이야기를 생각하면서 노래를 부르라고 약속까지 했는데 바로 집중이 깨진 것이다. 심사위원은 이를 놓치지 않았다. 진짜로 참가자가 감정을 놓쳤는지는 모르는 일이다. 하지만 심사위원은 감정표현에 계속적인 집중을 요구하고 있다.

감정표현의 연속성! 그리고 집중! 이 둘이 떼려야 뗄 수 없는 관계로 느껴지지 않는가? 이 소녀는 다음 무대에서도 똑같은 지적을 받는다.

심사위원 _ 지훈 양은 오늘, 왜 노래는 정말 잘했는데 왜 아무 느낌이 안 올까 생각을 해봤는데 혹시 'You raise me up'에서 You를 누구를 생각하고 했는지, 어떤 자기의 뭐 종교를 생각한 건지, 친구를 생각한 건지, 뭐 생각한 게 있었어요? 'You raise me up'에서 You가 누구였어요? 왜냐면 옛날에 K팝스타 시즌 1 때 김수환 군인가요? '아 다행이다'인가 그 노래를 불렀는데 딱 두 줄 시작하는데 처음에 든 생각이 '여자친구 있구나.' 끝나자마자 '여자친구가 있죠?' 이렇게 물어봤거든요. 그런데 오늘 지훈 양이 노래를 하는데 You가 누군가를 생각하면서 부르는 거 같지가 않게 들렸어요. 뭔가 감정전달이……. (안 된 거 같아요) 노래를 잘하느라고 마음에 집중을 하지 않은 게 아닌가 이런 생각을 했어요.

노래는 이렇게 생각을 어떻게 하느냐에 따라 감정이 실리느냐 안 실리느냐가 결정이 되는가 보다. 이 오디션 프로그램의 심사위원들은 감정이 실리지 않은 노래에는 가차 없이 혹평을 내놓는다. 그만큼 중요한 점일 게다. 노래로서 가치가 없음을 시사하는 부분이다.

이 소녀는 총 200만 명 가까이 참가한 이번 오디션에서 당당히 톱6에 올랐다. 이렇게 톱6가 겨루는 생방송 무대에서 노래를 잘한다는 것은 결코 쉬운 일은 아니었을 것이다. 톱10에 오르기 전 '꼭 생방송에 진출하고 싶다'라는 각오는 최선을 다하고자 하는 마음이고 노래를 잘하고 싶은 간절한 마음의 표현일 것이다. 이제 머지않아 우승의 고지가 보이기에 더욱 그러하였을 것이다. 심사위원은 '마음에 집중을 하지 못했다'라고 지적을 하였다. 바로 '있는 그대로의 나'가 해야 하는 일에 초점을 맞추지 못하고, '의식에 있는 나'가 하는 일, 즉 '노래를 잘해야겠다'라는 것에 집중한 것이다. 이것이 바로 초연하고 담담한 무욕의 '우승 마인드'를 갖지 못한 결과라고 볼 수 있다.

자, 어떤가? '골프에서의 집중'과 '노래에서의 집중'이 사뭇 비슷하지 않은가? 나는 결코 비슷하다는 말은 하고 싶지 않다. 그보다도 '정확하게 똑같다'라고 이야기하고 싶다. 그 이유는 그 순간 우리 뇌의 작용이 완벽하게 일치하기 때문이다.

005

자신감의 원천은
너무 쉽기 때문이다

이제 'I-double C 시스템'의 마지막이다. Confidence!! 자신감이다. 이 자신감은 앞에서도 많이 떠들었던 부분이다. "자신감 있게 하자!" 말로야 뭐든 못하겠는가? 내가 말하는 진짜 자신감을 가지고 있는 사람들은 '자신감이 있다', '자신감을 갖자!' 따위의 말은 애써 하지 않는다. 말로는 필요 없기에 그저 행동으로 보여줄 뿐이다. 'I-double C 시스템'에서 말하고자 하는 자신감은 본능에서 집중, 집중에서 자신감 그리고 다시 본능으로 연결되어진 관계적인 측면에서 보고자 한다. 자신감이라는 말뜻이야 이제 다 아는 사실이다. 따라서 이 장에서는 그것이 어떻게 생성되는지에 대한 고찰이라고 보면 되겠다.

'자신감'이라는 느낌은 도대체 어떨 때 생성되는 것일까? 일단 어떤 기술을 습득함에 있어 충분한 연습이 된다면 '할 수 있다'는 생각이 든다. 왜냐하면 연습을 통해 성공의 경험을 겪었기에 또 성공할 것이라는 믿음이 생기기 때문이다. 이것이 우리가 흔히 이야기하는 자신감이다.

아이들이 차를 타고, 전철을 타고, 비행기를 타고, 처음으로 부모 없이 혼자 나서는 길은 두려움 그 자체이다. 하지만 몇 번 해보고 나면 엄마, 아빠랑 같이 다니지 않으려 한다. 혼자서도 잘할 자신이 있기 때문이다. 운전을 처음 배워 도로로 나서면 긴장과 두려움을 감출 길이 없다. 그러나 며칠 좀 돌아다니다 보면 막연한 두려움 따위는 사라지게 마련이다. 이제 할 만하니 엑셀(가속페달)을 지긋이 밟아본다. 자신감이 생긴 것이다.

여자와의 첫 데이트에 나서는 남자의 마음은 콩닥콩닥 심장이 요동을 친다. 하지만 여자들에게 자꾸 대시하다 보면 무언가 방법을 터득하게 된다. 다음 여자(?)에 대해 자신감이 생긴다. 대인관계에 항상 문제가 있던 사람이 자존감이 회복되면 사람과 관계 맺는 법을 터득한다. 세상 살맛 난다고 삶의 자신감을 피력한다.

이렇게 해서 생기는 자신감! 한마디로 쉬워진 것이다. 연습, 시행착오, 성공경험의 수순을 통해 마침내 방법이 터득된 것이다. 그러나 이것이 자신감의 전부라면 나는 여기서 '자신감'에 대해서 논하지 않았을 것이다. 이와 같이 과정과 단계가 요구되어지는 자신감은 시간이 좀 걸릴 테지만, 'I-double C 시스템'에서 말하는 자신감은 결단코 시간을 요하는 자신감이 아니라는 점을 이야기하고 싶다.

바로 '본능과 감(感)'에서 나오는 그것, 즉 내 안에 내재된 능력을 꺼내 쓰기에 연습과 배움이 필요치 않은 그것, 즉 언제 어디서나 마음만 먹으면 할 수 있는 그것, 즉 '무의식의 나'가 할 수 있는 그것, 즉 지능도 머리도 쓰지 않으며 생각하지 않고 할 수 있는 그것. 바로 그것은 너무나 쉽고, 쉽게 할 수 있는 것이기에 '자신감 있게'라고 말하기조차 부끄러운 그러한 것이다. 우리가 밥을 먹으면서 숟가락을 입에 넣을 때 어느 누가 자신감을 찾는가?

이러한 이유에서 진짜 골프를 잘 치는 사람은 그 잘남을 드러내려 하지 않고 겸손할 수밖에 없게 된다. 그리고 어딘가 모를 그 기운, 잔잔한 배짱을 가질 수 있는 것이다. 이것이 바로 내가 말하는 '가슴으로 느끼는 자신감'이며 '우승 마인드'의 재료가 되는 것이다.

이렇게 생긴 자신감은 설령 실수를 해서 OB가 난다 하더라도 전혀 개의치 않는다. 왜냐하면 다음에도 자신이 보내고자 하는 곳으로 얼마든지 보낼 수 있다는 흔들리지 않는 믿음이 가슴속 깊이 자리 잡고 있기 때문이다. 본능-집중-자신감에서 다시 본능으로 돌아갈 수 있는 시스템이 바로 이러한 이유이다.

따라서 골프를 칠 때 기술에 의존할 필요가 없고 배움에 의존할 필요도 없다. 또한 생각에도 의존하지 않아도 된다. 원래 그런 것은 없다. 그냥 공만 까면 된다. 그뿐이다. 본능적인 동작을 하는데 뭔 말이 필요한가? 이 책이 ⑲금이라면 더 확실한 예를 들고 싶지만 참도록 하겠다.

이제 'I-double C 시스템'에 대해서 이해가 되는가? 본능-집중-자신감, 떼려야 뗄 수 없는 것들이다. 이것이 골프 심리의 핵심이다. 잊지 마라. 이 핵심은 자존감의 상승으로 더욱 빛이 날 수 있다.

노래 이야기를 또 빼놓을 수가 없다. 노래 역시 이 'I-double C 시스템' 이론을 그대로 적용시킬 수 있다. 노래는 '감정표현이 잘 되었느냐?'가 최대의 관건이다. 생각해보라. '감정표현.' 이것이 어려운 일인가? 슬픈 일에 슬퍼하고, 기쁜 일에 기뻐하고, 화나는 일에 화내고, 흥겨운 일에 흥겨워하고, 그냥 내 감정이 닿는 대로 눈물을 흘리면 되고 웃으면 된다. 바로 '있는 그대로의 나'가 할 수 있는 일을 그냥 하게 내버려 두면 되는 것이다.

그러나 노래의 내용이 '현재의 나'라면 쉽게 감정을 이끌어 낼 수 있지만 나의 현재 감정이 아닌 다른 감정의 노래를 해야 한다면 이것도 결코 쉬운 일은 아니다. 슬픔에 잠겨 있는 가운데 흥겨운 노래를 불러야 한다든지, 사랑의 감정을 모르는 앳된 소녀에게 연인의 달콤한 사랑이야기를 표현하게 한다든지……. 그래서 오디션의 심사위원들은 참가자들의 감정을 집중시키기 위해 다음과 같은 주문을 한다.

심사위원 _ 다음 곡이 결정되면 가사, 멜로디를 다 빼고요. 말하듯이 계속 읽어보세요. 마치 영화대사라고 생각해서, 진짜 가슴 깊이 넣었다 빼면 감정이 조금 더 폭발할 수 있을 것 같아요.

이렇게 어떤 감정에 몰입하고 그 감정대로 노래를 부르는 것 자체가 우뇌가 활성화되어 집중의 상태에 있는 것이다. 다섯 살 난 아이가 울다, 웃다를 너무도 쉽게 반복하듯이, 노래를 부를 때 이렇게 쉽게 감정 표현을 할 수만 있다면 'I-double C 시스템'은 노래를 부르는 일에서도 빛을 발할 수 있을 것이다.

'I-double C 시스템'에서 나오는 긍정마인드

'I-double C 시스템'은 본능-집중-자신감이 어우러져 좋은 것만 돌고 도는 선순환 과정이다. 이 선순환 과정의 핵심은 본능적 동작에서 비롯된 '단순함'에 있다. 한국 최고의 골퍼인 최경주 선수는 그의 자서전에서 "일상생활에서도 늘 변하지 않는 '단순함'에서 힘이 나온다"고 하며 단순함의 장점을 역설하였고, 여자골프 세계랭킹 1위에 오른 박인비 선수 역시 '박인비식 골프가 뭐냐?'고 묻는 질문에 "복잡하게 생각하지 않는 편이고 모든 것을 심플하게 생각하고 행동한다"고 답하였다. 이뿐만 아니라 지구 상에서 내로라하는 모든 프로골퍼들 중 단순함의 중요성을 말하지 않는 이가 없고, '단순함=훌륭한 골프선수'라는 등식은 결코 어느 특정한 선수에게만 적용되는 공식이 아니다.

골프는 이렇게 단순 또 단순, 단순함에 기초할 때 집중과 자신감이라는 심리적 요소가 생성된다. 그러나 골퍼들은 이러한 단순함을 인지하지도 못할뿐더러 있는 그대로 받아들이지 못하는 경향이 있다.

그 이유는 가르침과 배움에 있어 그 단순함을 해치는 요소들이 너무 많기도 하지만, '단순하다', '간결하다'는 말조차 충분히 표현해내지 못하는 언어의 한계에 그 이유가 있기도 하다. 이것을 '슈퍼울트라 캡숑 짱 단순함' 내지는 '상상을 초월하는 단순함', '대박 쩌는 단순함'이라고 표현한다면 그 단순함의 정도를 가늠할 수 있겠는가?

스타플레이어가 갖고 있을 법한 뭔가의 특별함, 고가의 레슨비에서 기대하는 스윙 메커니즘, 연일 60대 타수를 기록하는 실력자의 비법, 방송 프로그램에서의 특별 레슨, 모두 골프의 단순함을 일순간에 덮어버릴 수 있는 우리 마음의 색안경이다. 개뿔 쥐뿔 특별함과 비법 따위는 하나도 없다. '업은 아기 삼 년 찾는다'는 속담이 있듯이 너무 단순하기 때문에 그 진실을 못 찾을 뿐이다.

골프에서의 단순함은 오로지 본능에 기인한다. 이러한 본능에 기초하여 얻을 수 있는 주요한 심리적 요소는 골프를 '그토록 쉽게' 여길 수 있을 뿐만 아니라 '내가 할 수 있는 일'이라는 것을 인식할 수 있다는 점에 있다. 이것은 성공경험을 반복시키면서 진정한 자신감을 생성시키는 뿌리가 되기도 한다. 이러한 과정에서 골퍼에게 주는 커다란 선물이 있으니, 그것은 바로 '희망'이라는 메시지이다. 나는 이것을 '기대'와 '바람'과 같은 사전적 의미보다는 앞서 '과거지향적인 긍정 에너지'와 대비되는 '미래지향적인 긍정적 에너지'로 정의하고 싶다.

에너지는 곧 힘이다. 그 힘은 나쁜 것을 좋은 것으로 바꾸고 좋은 것은 더 좋은 것으로 만들기에 매우 특별한 묘약이다. 실수로 인해

OB가 나온다 하더라도 언제든지 스코어를 줄일 수 있다는 믿음이 있기에 좌절하지 않는다. 어처구니없는 쓰리퍼팅을 한다 해도 분노하지 않으며 결코 머릿속에 남겨두지도 않는다. 오늘 좀 스코어가 안 좋더라도 항상 내일은 잘 될 것 같은 기대감이 존재한다. 이러한 미래지향적 에너지를 한 마디로 정리하자면 언제나 잘 될 것 같은 느낌이기도 하지만 또한 언제라도 나올 수 있는 것이 '실수'임을 용인하는 그러한 마음의 상태라고 할 수 있다.

이러한 마음의 상태는 골프를 즐겁게 만든다. 그냥 치는 골프뿐만 아니라 중요한 시합조차 즐거운 마음으로 게임에 임할 수 있게 한다. 그것은 언제나 성공에 대한 믿음이 있기에 가능한 것이고 머지않아 만족할 만한 결과로 증명되기에 가능한 것이다. 결국 골프선수에게 시합은 삶의 목표가 아닌 수단으로서, 생활 속에 특별함이 아닌 일상에서의 즐거움이자 행복이 된다. 이것이 바로 'I-double C 시스템'의 선순환 과정에서 생성되는 보이지 않는 힘! '긍정마인드'이다.

나에게 오랜 시간 멘탈 코칭을 받아온 이 에스더(한국명 이지현) 선수는 현재 일본여자골프투어에서 큰 활약을 하고 있다. 일본에서 머물고 있는 그녀가 어느 날 문득 이런 문자메시지를 보내 왔다. 'I-double C 시스템'에 기초한 긍정마인드가 바로 이런 것이다.

"어찌 보면 저는 골프를 너무 좋아하다 보니 골프만 보고, 골프를 위해서라면 어떠한 노력도 했던 것 같아요. 골프를 위해 보낸 시간이 참 많았던 것 같아요. 지금도 그렇고요. 하지만 요즘은 골프만을 위해 보내는 이 시간들이 너무너무 즐겁고 행복해요!! 앞으로 못해본 일도 하나하나 해보고, 지금도 즐겁지만 가족들과 더 즐거운 시간도 보내면서 이렇게 골프를 사랑하고 싶어요!! 암튼 요즘은 하루 종일 골프 생각하는 게 너무너무 좋답니다! 골프하길 참 잘했다!! 너무너무 좋다!! 무지 행복하다!! 복 많이 받고 태어났구나!! 감사하다!! 오늘은 하루 종일 이런 마음이었어요!"

A

만병의 근원 '욕심'

'눈에 보이는 욕심'과 '눈에 보이지 않는 욕심'

더 잘하려고 하는 마음

골프만이 인생의 전부는 아니다

절실함이 가득한 골프

성적에 집착하는 골프

우승자 '악동뮤지션'

PART

03
종이 한 장 차이의 생각

더 나은 게임을 위한 심리전

통제 가능한 일과 불가능한 일

악조건은 나에게 유리하다

골프를 즐기고 있는가?

마음의 휴식이 필요하다

연습량에 대한 고찰

지피지기 백전불태(知彼知己 百戰不殆)

롱게임과 쇼트게임의 심리

한국오픈을 동네게임으로

게임에서의 단호한 마음

B

만병의 근원 '욕심'

인간의 욕심은 '오욕(五慾)'이라 하여 재물욕, 명예욕, 식욕,
수면욕, 색욕 이렇게 다섯 가지를 일컫는다.
속세의 삶이란 이 욕망에서 자유롭지 못하고 여기에 온갖 번뇌
와 고뇌가 생성된다. 시기, 질투가 바로 이러한 과욕에서 비롯된
마음의 잡음이며 욕망을 채우기 위한 투쟁이다.
결국 피투성이가 되고, 아수라장이 되어 남는 것은 하나도 없다.
이것이 끊이지 않는 곳, 그 현장이 바로 우리의 삶인 것이다.

'눈에 보이는 욕심'과
'눈에 보이지 않는 욕심'

001

잔디밭 위의 욕심. 잔디밭이라고 해서 우리의 삶과 분리된 공간은 결코 아닐 것이다. 그대는 과연 자신의 마음속에 욕심이 있다고 생각하는가? 없다고 생각하는가? 우리가 미련한 중생이라고 일컬어지는 이유 중 하나는 무엇이 욕심이고, 어디서부터 어디까지가 욕심인지 모른다는 데 있다.

스윙을 완벽하게 만들고 싶은 마음, 거리를 좀 더 보내고 싶은 마음, 언더파를 치고 싶은 마음, 핀에 좀 더 붙이고 싶은 마음, 파 5에서 무리한 투온(two on)을 시도하고 싶은 마음, 버디, 이글을 하고 싶은 마음, 이러한 마음을 욕심이 아니라고 할 수 있는가? 그대도 알다시피 이것은 모두 욕심이다. OB로 날아가는 볼과 해저드로 퐁당! 하는 볼이 바로 이러한 마음의 상태에서 비롯된다는 것을 몸소 체험했으리라. 너와 내가 모두 동의할 수 있는 이러한 욕심을 '눈에 보이는 욕심'이라 이야기하고 싶다. 다음을 한번 보자.

좋은 티타임을 받고자 하는 마음, 시합이면 새 장갑을 끼고 싶은 마음, 날씨가 좋기를 바라는 마음, 시합 때문에 음식을 가려먹으려는 마음, 동반자가 맘에 드는 사람이기를 바라는 마음, 코스 상태가 좋기를 바라는 마음, 코스 따라 기술 샷을 구사하려는 마음, 시합을 함에 있어 조금이라도 방해되는 것을 만들지 않으려는 마음. 이런 마음들은 여느 때와 다르지 않게 언제 어디서나 누구나 할 수 있는, 그러한 평범한 생각이고 바람이다. 어떤가? 이러한 마음의 상태는 욕심이라 치부하기에 좀 미미한 부분이 있는가? '이게 무슨 욕심이 되느냐?'라고 말하고 싶은가? 나는 단호하게 말할 수 있다. 이는 모두 집착의 단초가 될 수 있는 마음의 찌꺼기이다. 생각해보라! 어찌됐든 이러한 마음은 남보다 좋은 조건을 만들려는 자신의 욕구가 숨어 있는 것이다. 조금이라도 그 무언가를 잡고 있다면 모두 욕심에 불과하다. 나는 이것을 '눈에 보이지 않는 욕심'이라 이야기하고 싶다.

골프선수라면 누구든지 성공하고 싶고 시합을 잘하고 싶은 마음이야 매한가지이다. 나는 나의 학생들에게 이렇게 말하곤 한다. "네가 지금 가지고 있는 그 마음, 그것마저 욕심이다." 그러나 여기에 반론을 제기하는 학생이 있으니.

"선생님! 어떻게 욕심을 안 가질 수가 있어요? 전부 다 1등하고 싶고 잘하고 싶죠. 솔직히 1등 안 하고 싶은 사람이 어디 있겠어요? 이런 마음이 없다는 게 말이 돼요?"

무엇이 욕심이고 무엇이 욕심이 아닌지, 그야말로 똥오줌 못 가리는 중생의 마음이다. 안타깝게도 이 선수는 "예선통과만 되면 어떻게 해보겠는데"라는 말만 되풀이하는 그런 골프를 하고 있다.

　욕심도 역시 내 안에 이는 마음의 변화이다. 이것이 내 안에 있다는 것은 분명한 사실이지만 결코 내 것이 되지 않는다. 바라고자 하는 마음이 크다고 해서 그것이 어디 다 취해지는가? 열심히 한다고 해서 그것이 어디 쉽게 이루어지는가? 욕심이 채워지기라도 한다면 어디 그것으로 끝이 나던가? 욕심이라는 것을 경계해야 하는 근본적인 이유는 사람의 욕심이란 한도 끝도 없다는 데 있다.

부자가 될수록 욕심이 늘어난다.
바다는 메워도 사람의 욕심은 못 채운다.
일은 내 몫이 더 많아 보이고 먹을 것은 남의 것이 커 보인다.
아홉 가진 놈이 하나 가진 놈 부러워한다.
만사가 욕심대로라면 하늘에다 집도 짓겠다.

　속담이란 예로부터 내려오는 삶의 지혜이다. 이와 같은 속담이 바로 사람의 욕심에는 그 끝이 없음을 말해주고 있다. 우리 조상들은 그 욕심의 말로를 다음과 같이 이야기하고 있다.

　욕심이 눈을 가린다.

욕심이 사람 죽인다.

허욕이 패가(敗家)라.

달아나는 사슴을 보고 얻은 토끼를 잃는다.

두 마리 토끼를 잡으려다 한 마리도 못 잡는다.

산돼지를 잡으려다가 집돼지까지 잃는다.

이렇게 눈이 멀고 싶고, 망하고 싶고, 뭐든지 잃고 싶으면 욕심을 부려라. 욕심이 있으면 고통이 따를 수밖에 없다는 사실을 어찌 깨닫지 못하는가? 시합에서의 불안과 긴장, 초조, 두려움 따위의 부정적 정서는 모두 이러한 고통에서 비롯된다. 채우고 싶으나 채워지지 않는 고통! 그것은 감옥의 죄수가 자유를 박탈당하는 속박의 고통과 다를 바 없다. 그 속박에는 바로 오욕(五慾)을 채우지 못한 고통이 있기 때문이다. 아직도 그 욕심 때문에 스스로를 옥죄고 싶은가? '야망과 욕심에는 죽음밖에 없다'는 셰익스피어의 말을 잊지 마라.

그대가 시합을 하면서 마음의 고뇌가 끊이지 않는다면 욕심을 버려라. 골프를 때려치워야 하나 고민이 된다면, 도대체 왜 이렇게 골프가 안 되는지 모르겠다면, 허구한 날 이런 하소연이 끊이지 않는다면, 시합 하나하나 치를 때마다 답답한 마음 금할 길이 없다면.

욕심부터 버려라.

마음의 찌꺼기를 하나 없이 모조리 쓸어버려야 한다. 이렇게 내 마음을 정화시킬 수만 있다면 머지않아 마음의 평화가 찾아올 것이다. 마음의 잡음은 사라지고 풀냄새 나는 숲속에서 지저귀는 새소리가 들려올 것이다. 고목 사이로 내리쬐는 태양빛이 집착에 얼어붙은 내 마음을 녹이기에 충분하다. 광명이 따로 없다. 이것이 바로 무소유의 행복이며 마음을 비울 때 비로소 채워지는 행복인 것이다. 넘치는 행복감에 기쁨의 눈물이 멈추지 않을 것이다.

국가대표 선발전 3라운드가 끝났다. 18홀을 마치고 들어오는 나의 학생 상만이는 나를 보자마자 '선생님! 아, 진짜 잘 칠 수 있었는데.' 하며 아쉬움을 토로한다. 숙소에 들어와 그토록 아쉬웠던 사연을 들어보았다.

"상만아! 그래, 왜 그렇게 아쉬움이 많았어?"

"아~, 전반 9홀은 정말 잘 됐어요. 4언더로 넘어갔거든요. 그런데 후반에서 보기 두 개, 더블보기 하나 이렇게 해서 다 까먹었어요."

"왜? 샷이 안 됐어? 퍼팅이 안 됐어?"

"그게 아니고요. 샷은 잘 됐어요. 그런데 결정적인 순간에 실수가 나오는 거예요. 짜증나게."

"그래? 어떤 실수였는데?"

"5번 홀인데요. 좀 긴 홀이에요. 그린 앞에 해저드도 있고 세컨드가 좀 어려운 홀이에요. 원래는 안전하게 쳐야 하는데 티샷이 가운데로 잘 갔더라고요. 그래서 5번 아이언을 잡았죠. 해저드를 피하려면 그린 왼쪽으로 공략을 해야 하는데 해저드 뒤에 있는 핀을 바로 공략한 거예요. 그런데 살짝 밀리더니 물에 빠지잖아요. 그래서 드롭해서 보기 쳤죠, 뭐."

"그리고 다음은?"

"다음은 8번 홀, 롱홀이에요. 이 홀은 왼쪽 도그렉(dog leg) 홀인데 좀 짧아요. 아이언으로도 투 온이 되거든요. 왼쪽으로 지르면 좀 더 짧게 남아 확실하게 버디를 할 수 있는 홀이에요. 아, 근데 그 홀 티샷하기 전에 선두 스코어가 토털 9언더라는 걸 알았어요. 제가 3언더라 좀 더 까면 차이를 줄일 수 있을 거 같은 생각이 들더라고요. 그래서 욕심을 부렸죠. '이글까지 노려보자.' 하고 말이죠. 그래서 왼쪽으로 질렀는데 이번에는 또 왼쪽으로 말리는 거예요. 그래서 OB가 났어요. 따불 쳤죠, 뭐."

"나머지 또 하나 보기는 마지막 홀에서 쳤겠네?"

"네. 마지막 홀에서요. 짜증이 확 밀려오는데 미치겠더라고요. 세컨 샷을 치는데 캐디가 거리를 잘못 불러준 거예요. 짜증나서 확 쳐버린 것도 있는데 그린 오버돼서 세컨 OB가 날 뻔했어요. 그래서 보기로 마무리 했죠."

"아주 욕심 때문에 망했구나. 아주."

"네, 그런 거 같아요. 너무 욕심을 부린 거 같아요."

"상만아. 한번 따져 보자. 만약 욕심을 부리지 않았다면 어땠는지 말이야. 보기를 했던 5번 홀은 어려우니까 파로 넘어가고, 8번 롱홀은 네 말대로 안전하게 쳐도 아이언 투 온이 가능하다면 버디도 무난하게 할 수 있지 않을까?"

"맞아요. 할 수 있어요."

"그럼 버디로 넘어가고, 마지막 9번 홀은 기분 좋게 버디하고 왔으니 짜증낼 일도 없었을 것이고, 역시 무난하게 파 이상은 할 수 있었을 거야. 그렇지 않겠어?"

"네. 그랬을 거예요."

"그럼 후반에는 파를 할 수 있는 것을 두 개나 보기를 하고, 버디 할 것을 더블보기로 마무리했으니, 적어도 토털 5언더 칠 것을 너의 욕심이 5언더를 다 날려버린 결과네? 어떻게 생각해?"

"아, 그렇게 생각하면 정말 짜증나요. 충분히 가능한 스코어인데, 그 놈의 욕심 때문에!"

구력이 10년이 다 되었음에도 상만이는 욕심 앞에 무너졌다. 그리고 선두와 12타 차이를 내고 상위권 진입에도 실패하고 말았다. 이렇게 매 라운드 당 욕심으로 인해 3~5개의 스코어를 까먹는다면 시합이 4라운드로 진행된다는 점을 감안할 때 전체 스코어에 엄청난 차이를 만들어내게 된다. 문제는 순간순간의 사소한 욕심이 게임의 결과에 얼마나 큰 영향을 미치는지 선수들이 인지하지 못하는 데 있다.

이렇게 욕심은 그것 자체로 막대한 손해를 발생시킨다. 뿐만 아니라 위 예시에서 보는 바와 같이 흥분, 짜증과 같은 2차 손해로 이어진다는 데 더 큰 문제가 있다. 실로 그 욕심의 부정적 영향은 이루 말할 수 없이 큰 것이다. '좀 더 멀리, 좀 더 가까이'는 게임을 망치는 지름길이 된다는 사실, 반드시 기억하길 바란다.

용승이는 국가대표 2년 경력의 엘리트 골프선수이다. 정규투어 경력도 있으나 투어카드 유지에 실패하고 재기를 갈망하는 나의 학생이다. 매번 만족스럽지 않은 성적에 골프 심리에 관한 이야기를 주고받기는 하지만 좀처럼 생각을 바꾸지 못하는 선수 중 한 명이다.

어느 날엔가 대학선수권 대회에서의 일이다. 나는 경기를 끝내고 들어오는 우리 선수들을 격려하기 위해 18번 홀 그린에 나가 있었다. 18번 마지막 홀은 그린 앞에 해저드가 있는 파 5홀로써 비교적 쉽게 플레이되는 홀이다. 해저드를 넘겨 투 온도 가능하고 종종 이글을 기록하기도 하는 홀이다.

이 홀에서 용승이가 세컨드 샷을 준비하고 있었다. 티샷이 약간 밀렸는지 페어웨이 오른쪽에서 연습스윙을 하는 것이 보였다. 그리고 우드로 세컨드 샷을 시도했는데 웬일인가? 터무니없이 짧아 물에 빠지는 것이 아닌가? 그리고는 해저드 앞에서 드롭 플레이를 하여 보기로 마무리하였다. 경기가 끝난 후 용승이와 나는 숙소에 마주앉았다.

"아니 왜 거기서 물에 빠트렸어? 거리가 많이 남았어?"

"아, 아니요. 거리는 충분했어요. 티샷이 약간 오른쪽으로 갔는데 약간 러프였어요. 핀이 그린 오른쪽 앞에 꽂혀 있었는데 세컨드 샷을 잘만 치면 붙일 수 있겠더라구요. 그린 왼쪽 끝을 보고 약간 높게 페이드를 치면 그린 오른쪽으로 톡 떨어질 것 같은 그림이 그려지더라고요. 그래서 쳤는데, 잘못 맞아서 빠트렸어요."

"그 상황에서 그렇게 치는 게 최상의 공략이라고 생각해?"

"그렇죠. 어려운 것도 아니고 충분히 가능하죠."

"그런데 결과는 물에 빠졌잖아?"

"뭐, 실수도 나오는 거죠."

"난 실수라고 생각하지 않고 공략의 미스라고 생각하는데, 어떻게 생각해?"

"공략의 미스는 아니죠. 그냥 실수예요."

"용승아. 선생님 생각은 이래. 일단 그 상황에서 쓰리 온 작전이 아니고 투 온을 시도한다면 일단 해저드를 넘기려는 생각이 최우선이 되어야 한다고 봐. 적어도 물에 빠지는 최악의 상황은 나오지 않게 말이지. 그 다음에 온이 되느냐 안 되느냐를 생각하고, 그 다음에 세 번째 문제가 핀에 붙일 수 있느냐 없느냐를 생각하는 거지. 그런데 너는 한꺼번에 너무 완벽한 공략을 시도했던 거야. 물론 생각대로 된다면야 좋겠지만 골프가 어디 생각대로 되드나? 어쩌다 한 번 그런 기술 샷이 먹힐지는 모르겠지만 그러한 상황에 매번 기술 샷을 시도한다는

제3부 종이 한 장 차이의 생각

것은 언제라도 터질 수 있는 시한폭탄을 들고 다니는 것과 같아. 용승아. 남 보기 좋은 어려운 샷을 구사하는 것보다 항상 스코어를 까먹지 않는 공략이 더 현명한 생각이 아닐까?"

"전 그렇게 생각 안 해요. 할 수 있는 것을 한다고 생각해요. 그 정도 상황에서는 충분히 할 수 있는 거예요. 정말."

"용승아. 그래, 할 수 있는 것을 하는 자체는 좋아. 그런데 매번 그렇게 완벽한 공략을 하려는 건 게임을 너무 복잡하게 만드는 것이고 쓸데없는 욕심에 지나지 않아. 매번 너의 성적을 생각해 봐. 만족스러운 경기가 얼마나 있드나?"

"……."

"선생님은 항상 버디를 하려는 공략보다 보기를 안 할 수 있는 공략이 더 좋은 스코어를 만들 수 있다고 생각해. 버디는 줍는 것이지 결코 잡아채는 것이 아니거든. 너에게 해주고 싶은 말 한마디는 '공략은 수비적이되 샷은 공격적으로' 어때? 이렇게 한 번 해보지 않을래?"

"아니에요. 그냥 실수예요, 실수."

끝까지 고집을 부리는 용승이의 뒤통수를 냅다 한 대 쳐주고 싶었지만 참기로 했다. 용승이 역시 무엇이 욕심이고 무엇이 욕심이 아닌지, 그리고 그 욕심의 대가가 어떠한 결과로 이어지는지 아직까지 제 마음을 통찰하지 못하고 있는 것이다. 훈련은 누구보다도 성실히 임하지만 왜 투어카드를 손에 쥐지 못하는지, 왜 만날 예선통과를 목표로 하는 시합을 해야만 하는지, 오늘도 내일도 늘 '열심히, 최선을 다하자'는 다짐만 하고 있다. 하루라도 빨리 욕심을 버리고 스스로의 마음을 통찰하게 되기만 바랄 뿐이다.

002

더 잘하려고 하는 마음

더 잘하고 싶은 마음, 더 잘 되기를 바라는 마음을 어찌 이해하지 못하겠는가? 그러나 우리는 이렇게 지극히 평범하고 사소한 마음에서 무엇이 실수인지를 모르게 된다.

골프를 잘한다는 것은 좋은 성적을 내는 것이다. 그리고 좋은 성적을 내기 위해서는 무엇보다도 정확성이 관건이다. 필드 위에서 '정확성'은 지상 최대의 과제일는지도 모른다. 그래서 우리는 몸이나 마음이나 자신도 모르게 '더 정확하게, 더 완벽하게'를 갈망한다. 중요한 사실은 이러한 마음이 그 자체로 욕심이고 불필요한 집착임을 인식하지 못한다는 것이다.

5m 앞에 바구니를 두고 골프공을 던져보라. 10개를 던지면 적어도 5개 이상 넣을 수 있을 정도로 어렵지 않은 동작이다. 평지 1m 길이의 퍼팅을 시도해보라. 10개를 해보면 적어도 5개 이상은 홀에 넣을 수 있을 것이다. 어쩌면 모두 성공할 수도 있을 정도로 이보다 더 쉬운 일

은 없을 것이다. 이렇게 쉬운 일, 아무런 대가와 상금이 걸려있지 않는 다면 별 생각 없이 잘 해낼 수 있다. 특별히 잘하고자 할 이유도 없고, 더욱 잘해보겠다고 노력한들 특별히 신경 쓸 것도 없다.

기억하라! 이것은 연습이다.

그러나 만약 우승상금 3억 원이 걸린 한국오픈을 공 던지기, 1m 퍼팅으로 한다고 생각해보라. 140여 명의 출전 선수들이 줄을 지어 한 사람씩 하는 것이다. 그대의 마음이 어떻게 변할 것 같은가? 조금이라도 잘해보겠다는 마음이 생기지 않겠는가? 눈앞에 3억 원이 아른거리지 않겠는가? 만약 그렇다면 욕심이 꿈틀대기 시작하는 것이다. 자신도 모르게 더 잘해보려는 마음이 피어나는 것이다. 바구니의 위치를 한 번 더 상기하고, 발돋움을 새로이 할 것이며, 공 던지는 자세를 마치 빈스윙 하듯 연습을 할지도 모른다. 1m 퍼팅이라면, 평지임에도 불구하고 경사를 한 번 더 볼 것이고, 빈스윙 역시 평소보다 더 할지도 모른다. 그리고 평소보다 더 많은 시간을 끌 수도 있다.

기억하라! 이것은 욕심으로 가득한 실전이다.

'실전을 연습처럼 하라'는 말은 이와 같이 자신도 모르게 변하는 마음을 다잡으라는 것이다. 반대로 '연습을 실전처럼 하라'는 것은 꿈틀대는 욕심에 사전 대비하라는 말일지도 모른다. 그러나 무욕의 경지에 이른 선수는 실전이나 연습이나 마음의 상태에 변함이 없다. 행동에도 변함이 없기는 마찬가지이다. 실전이라고 해서 연습 때 안 하던 것을 하지 않는다는 말이다.

가령 시합이라고 유별나게 컨디션 조절에 신경 쓴다든지, 시합이라고 열심히 클럽을 닦아 놓는다든지, 시합이라고 의상에 특별하게 신경 쓴다든지, 시합이라고 음식을 가린다든지, 시합이라고 골프백을 정리한다든지……. 이렇게 평소에 '안 하던 짓'을 시합이라고 행한다면 이것이 바로 욕심의 시작임을 알아차려야 한다. 이것 역시 '눈에 보이지 않는 욕심'의 일부이다.

욕심은 앞서 언급한 바와 같이 게임을 망치는 심리적 원료이다. '좀 더 가까이, 좀 더 멀리'라고 속삭이는 악마의 유혹이 마음 한편에서 살랑살랑 손짓을 한다. 이번 시합에 잘해보고자 다짐한 선수는 그 손짓에 단호하게 대처하지 못하고 그 경계를 넘나든다. 그리고 행여 실수라도 할까 노심초사 걱정이다. 한두 번의 실수는 스코어에 큰 지장이 없을 수도 있다. 그러나 어이없는 실수가 스코어 상실로 연결된다면 한순간에 몰아치는 흥분을 이겨낼 수가 없다. 어이없는 보기, 하지 말아야 할 보기, 이런 플레이가 용납할 수 없는 실수라 여겨진다면 선수는 극도의 분노에 휩싸인다. 채를 땅에 마구 찍고 싶어지고, 채를 무릎으로 부러뜨리고 싶어지고, 해저드로 던지고 싶은 충동을 느낀다.

이렇게 참을 수 없는 분노의 원인을 알고 싶다면 '무의식에 있는 나'를 이해해야 한다. '무의식에 있는 나'는 생각한다. '채우고 싶은 욕심이 있다. 그런데 어쩌면 그 욕심을 채울 수 없을 지도 모른다.' 이러한 가능성을 느끼는 것, 이것이 바로 마음의 두려움, 불안이다. 그리고 예민한 상태에 이르고 급기야 분노를 터트리고 만다. 천진난만한 아이들을 보라. 하고자 하는 일을 못하게 되면 울음부터 터트린다. 욕구불만으로 인한 분노는 어쩌면 지극히 자연스러운 인간의 습성일지도 모른다.

'마음을 다스리자', '마음을 비우자'는 말은 '더 잘하려는 마음'을 조금도 갖지 않는 것이다. 그리고 살랑살랑 꼬리치는 조그마한 욕심마저도 그 끄나풀에 단도를 내리찍는 것과 같다. 도살장에 개 끌려가듯 시합이 빨리 끝나기만을 바라는, 그런 게임을 해보지 않았던가? 이러한 상태가 바로 '눈에 보이지 않는 조그마한 욕심'에서 비롯된 자포자기의 상태인 것이다.

1995년도에 개봉한 미국의 탈옥 영화 '쇼생크 탈출'을 보았는가? 자유가 억압된 삶 속에 인간의 고뇌를 그린 감동적인 영화이다. 잠깐 영화 소개를 해보겠다.

주인공 앤디 듀프레인(팀 로빈슨)은 바람피운 아내와 아내의 남자를 모두 살해했다는 누명을 쓰고 교도소에 수감된다. 20여 년 동안 탈출을 준비해온 앤디는 교도소에서 만난 친구 레드(모건 프리먼)를 뒤로 하고 천신만고 끝에 탈옥에 성공한다. 교도소에 남은 레드는 앤디로부터 자유라는 희망의 메시지를 받고 훗날 태평양의 평화로운 해변에서 재회를 약속한다.

　내가 이 영화에서 보여주고 싶은 것은 자유를 갈망하는 한 수감자(레드, 듀프레인의 친구)가 가석방 심사를 받는 두 번의 장면이다. 한 번은 마음을 비우지 못해 '부적격 판정'을, 또 한 번은 마음을 비워 '적격 판정'을 받는 장면이 나온다. 함께 감상해 보자.

　- 30년 만에 찾아온 첫 번째 가석방 심사 장면
　30여 년을 복역한 레드는 언제 다시 찾아올지 모르는 가석방의 기회에 최선을 다하고자 마음먹는다. 자유를 꿈꾸며, 레드는 다소 긴장한 모습으로 심사위원 앞에 선다.

　심사위원 _ 앉아요. 당신은 종신형 중 30년을 복역했군요. 이제 사회에 나갈 준비가 됐나요?

　레드 _ (미소를 띠며 진심 어린 모습인 양) 네 그렇습니다. 분명합니다. 정말 새 사람이 됐습니다. 더 이상 위험한 존재가 아닙니다. 신께 맹세합니다. (애처로운 듯한 표정으로) 완전히 교화됐습니다.

　그러나 레드는 가차 없이 부적격 판정을 받는다.

– 10년 후 다시 찾아온 두 번째 가석방 심사 장면

교도소의 어느 날, 레드는 한 통의 엽서를 받는다. 하지만 엽서에는 아무런 글씨가 없었다. 오직 지역을 알려주는 소인만 찍혀 있을 뿐이었다. 탈옥에 성공한 친구 앤디가 국경을 넘어 태평양을 향해 가고 있음을 알리는 엽서였던 것이다. 지도를 보고 있던 레드는 자유를 찾아 질주하는 앤디의 모습을 상상하면서 통쾌한 듯 웃는다. 태평양의 아름다운 해변, 상상만 해도 행복한 질주에 레드는 그저 웃기만 한다.

레드는 가석방 심사 테이블에 다시 앉았다. 자유라는 달콤한 유혹에 얼마나 이 교도소를 나가고 싶었겠는가? 아름다운 해변에서 한가롭게 휴식하고 있는 친구 앤디를 얼마나 만나고 싶었겠는가? 이런 소망을 생각한다면 가석방 심사는 이 얼마나 절실한 기회이던가?

그러나, 레드는 떨떠름한 표정으로 다섯 명의 가석방 심사위원이 앉아 있는 테이블 앞에 선다.

심사위원 _ 앉으십시오.

레드는 불만이 있는 듯 약간 삐딱하게 앉는다.

심사위원 _ 당신은 40년을 복역했군요. 교화됐다고 느낍니까?

레드 _ 교화요? 어디 생각해 봅시다. 난 그게 무슨 뜻인지 모르겠소.

심사위원 _ 사회에 복귀할 준비가 됐다는 뜻……. (레드가 말을 끊는다.)

심사위원의 말을 끊은 레드는 뭔가 강조하듯 담담하게 말을 이어나간다.

레드 _ 자네가 생각하는 말은 아네. 젊은이. 내게 그건 그저 꾸며낸 말이야. 정치가들이 만들어낸 말이지. 당신 같은 젊은이가 넥타이 매고 양복 입고 직업을 가질 수 있도록, 진짜 알고 싶은 게 뭐요? 내가 지은 죄를 뉘우쳤냐고?

심사위원 _ 그렇습니까?

레드 _ (전혀 긴장한 내색 없이 계속해서 담담하게 말은 잇는다) 후회를 느끼지 않은 날이 없소. 그래야 한다고 당신이 강요했기 때문은 아니요. 옛날의 나를 돌아보지. 젊은 바보 녀석이 끔찍한 죄를 저지른 거야. 그 놈과 말하고 싶어. 정신 차리라고 하고 싶어. 지금 현실을 말해주고 싶어. 하지만 그럴 수 없지. 그 젊은 녀석은 오래전 없어지고, 이 늙은 놈만 남았거든. 그렇게 살 수밖에 없어. 교화라고? 그건 다 헛소리야. 자넨 부적격 도장이나 찍고 내 시간 그만 뺏어! 사실대로 말하자면 난 관심 없어! (레드는 팔짱을 끼고 초연한 모습을 보여준다.)

레드는 예상과는 달랐다. 심사위원들한테 초연하고 담담한 모습을 보여준 것이다. 오히려 건방지기까지 했다. 그리고 레드는 마침내 가석방 심의위원회를 통과하였다. 가석방이 승인된 것이다. 꿈에 그리던 자유와 함께, 레드는 40년 동안의 옥중 생활을 마감하고 출소한다. 그리고 이 영화는 태평양의 아름다운 해변에서 레드와 앤디의 극적인 재회로 막을 내린다.

자유, 희망, 친구, 우정, 뜨거운 포옹, 아름다운 해변, 끝이 없는 수평선, 이 영화의 마지막 신(scene)은 감동의 바다 그 자체, 최고의 앤딩(ending) 장면으로 손꼽힌다.

더 반듯하고, 더 성실한 자세 그리고 더 잘 보이기 위한 레드의 첫 번째 태도는 심사위원의 마음을 흔들지 못했다. 심사위원이 보기에 교화가 안 된 것일 수도 있고, 레드의 진심이 전달되지 않은 것일 수도 있다. 어쨌든 결과는 부적격이다.

반면, 두 번째 장면에서는 태도가 바뀐 레드의 모습을 볼 수 있다. 다소 거만하고 다소 떨떠름하게. 심사위원에게 잘 보이려는 태도 따위는 조금도 찾아볼 수 없다. 쇼에 지나지 않은 가석방 심사에 애당초 마음을 비운 것이다. 가석방이 되는 것을 조금도 바라지 않으니 두려울 게 무엇인가?

　잔디 위에서 실수를 두려워하는 자신의 모습과 견주어 보라. 좀 더 잘해보고자, 더 정확하게, 더 반듯하게, 더 섬세하게 노력하는 자신의 모습과 비교해 보라. 레드의 태도가 영화 속 이야기만이 아님을 느낄 수 있다면 그대가 아직도 성장할 수 있는 여지가 있다고 나는 믿는다.

골프만이 인생의 전부는 아니다

'마음을 비우자'는 말을 좀 더 포괄적인 관점에서 보도록 하자. 게임 안이 아닌 게임 밖에서 생각해보자는 것이다. 골프선수는 골프를 통해 성공을 꿈꾼다. 골프를 하면서 그동안 투자한 돈이며 시간이며 노력, 이것을 생각하면 선수로서 반드시 성공해야 한다. 이는 선수 자신뿐만 아니라 부모 역시 애가 타는 일이다. 그러나 이렇게 '반드시'라는 절대적인 신념을 생각해보면 이것 또한 '집착'이며 '욕심'이라는 사실을 알아차려야 한다.

나는 비록 선수로 성공한 인생은 아니지만 프로가 되는 것에 사활을 걸었었다. 프로라도 입문해야지 떳떳하게 레슨이라도 하며 살 수 있을 것 같았고, 프로라도 입문해야지 주위 시선을 두려워하지 않을 것 같았고, 프로라도 입문해야지 그동안의 노고에 위로가 될 것 같았다. 그래서 나는 결코 골프를 때려치울 수 없었다. 골프 말고 다른 일을 한다는 것은 상상도 할 수 없었다. 낮은 자존감 덕에 미래에 대한 불안감은 더욱 커져만 갔고, 나의 무능함에 살아갈 용기가 나지 않았다. 어쩌면 골프를 그만둘 용기가 없었는지도 모른다.

그렇게 골프에 질질 끌려가던 어느 날, 골프를 때려치우더라도 프로만큼은 입문하고 때려치우자는 오기가 생겼다. 그래서 나는 프로입문에 모든 것을 내던졌다. 그런데 이것이 더 큰 집착이 되었다는 사실을 뒤늦게 깨달았다. 이러한 집착이 바로 매 시합마다 '더 잘하려는 마음'을 한껏 부추기는 결과를 가져왔던 것이다.

프로테스트에 출전할 때면 더욱 애절한 마음이 되었고 정말 합격하고 싶은 마음, 그 마음뿐이었다. 그러나 이런 나의 애절한 마음은 스스로를 더욱 긴장시키는 결과로 이어졌다. 늦은 나이에 시작한 골프, 점점 들어가는 나이, 마음은 더욱 조급해져 갔다. 실수라도 나올 때면 예민하게 반응하지 않을 수 없었다. 오로지 합격을 위한 스코어에만 집중되어 있었고 골프 그 자체를 즐기지 못했다. 나는 테스트에 번번이 떨어졌다. 패배의 쓴잔을 마시고 집으로 돌아올 때면, 나는 차 안에서 운전대를 붙잡고 소리치며 절규했다.

"으으악~~!! 으으악~~!!"

진짜 죽고 싶은 마음 뿐이었다. 문득 고속도로를 달리다가 사고를 내고 싶은 충동을 느끼기도 하였다. 그리고 난 더욱 열심히 운동에 매진했고 더욱 절실한 마음으로 프로테스트에 응했다. 내 마음은 갈수록 만신창이가 돼버렸다.

삶의 두려움을 느낀 나는 먹고살 일을 고민했다. 결혼도 해야 되고, 부모님도 부양해야 되고, 프로가 안 되면 도대체 뭘 해 먹고 살까? 실내연습장이라도 차릴까? 노가다라도 뛰면서 살면 되지 않을까? 이런저런 끝없는 고민을 하였다. 그러던 어느 날, '그래! 그렇게라도 살자'라는 생각이 스멀스멀 들기 시작했다. 그렇게라도 해서 처자식을 먹여 살리고 부모님도 부양하고 그러면 되지 않겠느냐? 인생 뭐 있느냐? 어떻게든 살아만 갈 수 있다면 그렇게 살면 되지 않겠느냐? 비로소 나는 골프에 대한 애절한 마음을 누그러뜨릴 수 있었다. 집착을 버릴 수 있게 된 것이다. 그리고 난 머지않아 프로테스트에 좋은 성적으로 합격하였다.

그대는 어떠한가? 골프만이 그대 인생의 전부인가? 꼭 성공해야 한다는 다짐이 머릿속에서 지워지지 않는가? 굳은 각오, 결의에 찬 다짐. 말은 좋지만 이것조차 집착이며 욕심이라는 사실을 한 번쯤 의심해보길 바란다. 그대의 마음 역시 이미 만신창이가 돼버렸다면 골프 선수로서의 성공이 아닌 다른 가능성을 생각해보라. 골프관련 사업을 할 수도 있고, 영업을 할 수도 있다. 공부를 하여 선생이 될 수도 있고 교수도 할 수 있다. 아니면 레슨이라도 해서 훌륭한 지도자로 거듭날 수도 있다. 이것도 저것도 아니라면 다른 무언가의 일도 충분히 해낼 수 있다. 꼭 골프선수로 성공해야지만 행복한 인생을 사는 것은 아니다. 그 가능성을 느낄 수만 있다면, 그렇게 할 수만 있다면, 현재 그대 마음속에 자리 잡고 있는 집착과 두려움을 한껏 해소할 수 있을 것이다.

앞서 소개했던 여성 참가자를 다시 한 번 떠올려보자. 너무나 많은 긴장을 해서 인사도 제대로 못했던 참가자였다. 무대 위로 올라온 참가자는 긴장감이 가득한 모습으로 자기소개부터 매끄럽지 못하였고 결국 무대를 망치고 말았다. 이에 한 심사위원은 하염없이 울고 있는 참가자에게 다음과 같은 위로의 말을 전해준다.

심사위원 _ 저는 마음적으로는 충분히 이해합니다만 오늘 무대는 실력보다도 너무 많이 떨어서 못했기 때문에 공정하게 심사를 해야 할 거 같아요. 포기하지 마시고……. 나이가 23살이건 26살이건 30살이건 상관없어요. 아이돌 가수가 안 되면 어때요? 더 실력을 키워서 아티스트가 되면 되지. 그죠? 그렇지만 오늘은 불합격입니다.

이 참가자 역시 무대 자체가 긴장된 것이 아니다. 가수가 되지 못하는 자신의 비참한 모습, 불투명한 미래, 자신을 무능력하게 볼 것 같은 주위의 시선, 비교대상이 돼버린 동료들, 이것이 바로 그렇게도 사시나무 떨듯 흔들려야 했던 두려움의 본질이 아닌가 생각한다.

심사위원의 말대로 가수가 되지 못한다고 해서 무엇이 그렇게 문제인가? 음악이 좋고 노래가 좋다면 훌륭한 아티스트를 꿈꾸면 되지 않는가? 마지막이라고 생각하고 도전한 이 오디션 무대, '반드시 합격되어야 한다'는 생각이 마음 가득히 차 있었던 것이다. 이것 또한 내가 말하는 집착이요, 욕심이다. 마지막이라는 생각을 하지 않고 음악 자체를 즐겼다면 어땠을까? 적어도 이렇게 떨리는 무대는 피할 수 있지 않았을까?

잔디 위에서 긴장과 두려움으로 가득한 자신의 모습과 견주어 보라. '반드시 예선을 통과해야 한다', '꼭 잘 쳐야 한다', '반드시 합격해야 한다.' 이렇게 '꼭', '반드시'와 같은 절대적 신념을 마음먹고 있는 자신의 모습과 비교해 보라. 심사위원도 애처로워 다른 길을 제안 받는 처지가 오디션 속 남의 얘기만이 아님을 느낄 수 있다면 그대는 아직도 성장할 수는 여지가 있다고 나는 믿는다.

004

절실함이 가득한 골프

골프에서는 연습생이라고 일컬어지는 사람들이 있다. 이 사람들은 경제적 형편이 넉넉지 않아 골프장에서 일을 하고 그 대가로 라운드 연습을 제공받는다. 골프가 경제적인 뒷받침이 되지 않으면 할 수 없는 운동이기에 몸으로 때워가면서 연습을 하는 것이다. 이렇게 어려운 환경 속에서 프로를 꿈꾸는 사람들은 울며 겨자 먹기를 할 수밖에 없고 헝그리 생활을 하지 않을 수 없다.

이것은 프로를 꿈꾸는 연습생이나 경제적 고통을 겪으면서 시합을 다니는 프로선수나 매한가지 애절한 골프를 할 수밖에 없는 원인이 된다. 어려운 환경에서 운동을 하는 그대여. 그대가 더욱 절실한 경기를 준비할 수 있다는 사실, 혹시 알고 있는가? 누구보다도 성공을 기원하기 때문에 그대는 그대 스스로를 더욱 긴장시킬 수 있다는 것이다. 헌신적인 부모의 원조, 나로 인해 기울어지는 가세, 가장으로서의 책임감, 늘어나는 대출금, 경제적으로 불안한 미래, 모두 애절한 시합을 할 수밖에 없는 이유들이다. 생각해보라! 이러한 마음상태에서 어찌 시합이 잘 될 것인가? 골프를 하는 목적이 다른 곳에 가 있다면 취하고자 하는 그것은 점점 달아나게 마련이다.

골프 그 자체를 즐겨라. 골프는 게임이며 놀이이다. 생존의 수단이 되는 골프! 그러한 골프가 자신을 너무 진지하게 만들지는 않았는지 한 번쯤 생각해 볼 일이다. 진지한 자세로 임하는 놀이! 뭔가 어색하지 않은가? 놀이는 놀이로써 그 역할에 충실해야 한다. 그대에게 골프가 오로지 생존의 수단으로 인식된다면, 스트레스에 찌들어 '때려치우자'를 하루도 빠짐없이 되뇌는 어느 회사 만년과장의 처지와 다를 바 없을 것이다.

20세기 최고의 골퍼로 추앙을 받고 있는 잭 니클라우스 역시 경제적인 문제로 고민했던 시기가 있었다. 프로에 입문할 당시 그에게도 돈은 현실적인 문제였던 것이다. 그리고 고민 끝에 그는 다음과 같이 결심한다. "돈에 대해 많이 생각할수록 정작 플레이에 대해서는 그만큼 소홀해질 거야. 그러니 그냥 잊어버려. 그냥 필드에 나가서 최선을 다하라고. 플레이를 잘하면, 돈은 저절로 따라오게 되어 있으니까. 경기 성적이 너무 나빠 살기가 빠듯해지면, 언제든 다시 보험판매원으로 나설 수도 있잖아. 돈에 대한 생각으로 자신을 덜 압박할수록 성적이 더 나아질 거라고."

그리고 잭은 자신의 인생에서 최우선으로 삼고 있는 것은 골프도 아니요, 돈도 아닌 바로 '가족'이라고 이야기한다. 그는 이렇게 말한다.

"가족이 있었기에 균형 잡힌 삶을 살 수 있었고, 그렇게 위대한 업적을 세울 수 있었다. 골프 때문에 우리 가족 생활을 심각하게 위협한 적이 한 번이라도 있었다면 나는 미련 없이 골프를 그만두었을 것이다."

출처- 『잭 니클라우스의 골프와 나의 인생』, 잭 니클라우스, 존 티겔, 김영사

노래의 세계에도 연습생이라 불리는 사람들이 있다. 이 사람들 역시 프로에 입문하기 위해 부단히 실력을 쌓는 사람들이다. 오디션 장은 마치 골프에서 프로에 입문하기 위한 프로테스트와도 같다. 실력도 실력이지만 가수로 데뷔하기 위해서는 제작자로부터 선택받는 일이 지상최대의 과제가 된다.

여기에 집착으로부터 벗어난 한 남성 참가자가 있다. 이 참가자는 가수 오디션에 나오기엔 꽤 늦은 나이였다. 하지만 그는 꿈꾸던 일, 좋아하는 일에 도전하였고 오디션 참가 자체를 즐거운 일로 여기며 자신만의 추억으로 만들기도 하였다. 그중에서도 방송을 통한 프러포즈는 여자친구를 감동시키기에 충분했다. 이 모습을 너무나도 흐뭇하게 지켜본 심사위원이 그에게 묻는다.

심사위원 _ 제가 한 마디 질문 좀 할게요. 앤드류 최 씨 지금 몇 살이죠? 30대 중반으로 기억하고 있는데, 앤드류 최 씨가 생각하는 성공의 기준은 뭔가요?

참가자 _ 사랑하는 것을 할 수 있는 게 성공이라 생각합니다.

심사위원 _ 대단하네요. 제가 듣고 싶었던 답이에요. 대부분 사람들은 성공 기준을 돈이라고 이야기하잖아요. 그런데 사실 돈을 얼마나 벌어야 행복할 수 있을까요? 지금 정답을 말씀하셨는데요. 행복하게 사는 게 저는 인생의 가장 큰 성공이라고 생각하는데 오늘 여자친구한테 정식으로 프러포즈도 하시고, 30대 중반까지도 음악을 즐기면서 하는 모습이 이미 앤드류 최 씨는 성공한 사람이라고 저는 생각합니다. 오늘 무대는 너무 감동적으로 봤습니다.

그대의 성공기준 혹은 인생의 우선순위는 무엇인가? 시합이 잘 돼서 돈을 많이 버는 일인가? 시합에 우승해서 TV에라도 나오는 일인가? 착각하지 마라. 이것이 골프를 하는 목적이라면 그대의 성공은 한낱 물거품에 지나지 않을 것이다. 보라. 엄청난 부와 명예를 가지고 있는 사람들, 한없이 행복할 것만 같은 사람들이 더 큰 불행을 겪는 모습을 보지 않았던가? 자살, 이혼, 법정싸움, 구속. 어쩌면 부와 명예는 이러한 불행의 씨앗일는지도 모른다.

그대는 아직도, 오로지 돈을 벌기 위해 시합에 나서고 싶은가?

005

성적에 집착하는 골프

골프선수로 성공하려면 욕심과 집착이야말로 벗어나야 할 최대의 과제이다. 그야말로 편안하고 여유로운 무욕의 마음 상태에서 게임을 해야 한다. 이러한 마음의 상태를 갖기 위해 노력하자면 그 어떤 시도라도 해봐야 한다.

근래에 한국 골프 경기는 다른 스포츠와 달리 출전할 수 있는 시합이 많아졌다. 아마추어선수는 아마추어선수대로 프로선수는 프로선수대로 등급에 따라 마음만 먹으면 1년에 줄잡아 15~25개 정도는 출전할 수 있다. 국내외로 잡다한 시합까지 포함한다면 그 이상도 가능하다. 혹자는 많지 않다고 생각할 수 있지만 4년 만에 돌아오는 올림픽, 아시안 게임을 생각해보라. 2년 만에 돌아오는 여타 종목의 세계선수권대회를 생각해 보라. 다른 경기에 비하면 많아도 너무 많다.

선수들이 이렇게 많은 시합을 치루면서 얻을 수 있는 것은 실전을 통해 경험하고, 실전을 통해 성장할 수 있는 기회가 여타의 종목보다

골프, 마음의 게임

많이 주어진다는 점이다. 그러나 그런 기대와는 달리 대부분의 골프선수들은 정상에 한 번 서지 못하고 성장을 멈춰버린다. 이것이 일반적인 골프선수들의 현실이다. 이러한 현상이 나타나는 이유를 설명하자면 많은 선수들이 골프의 본질을 파악하지 못하고 골프가 멘탈 게임이라는 점을 충분히 이해하지 못한 데 주요한 원인이 있다고 할 수 있다. 그리고 또 하나의 이유가 바로 오직 성적에만 집착하는 시합 태도에 있다. 이러한 태도에서는 아무리 많은 시합을 치른다 해도 '많음'에서 오는 득은 결코 얻지 못한다.

시합에서의 좋은 성적은 골프선수의 희망이자 목표이면서 그토록 죽어라 연습하는 목적이기도 하다. 그것은 또한 선수라면 누구에게나 당연한 태도이다. 그러나 아직은 좀 더 성장이 필요한 선수에게 그렇게 결과만을 요구한다면 사상누각과 같은 골프를 자처하는 것과 같다. 단지 그렇게 성적 자체만을 목적으로 한다면 훈련에 대한 태도 변화를 어렵게 만들 뿐만 아니라 골프에 대한 사고의 전환 역시 쉽지 않게 된다. 더 이상의 발전을 기대할 수 없다는 이야기이다.

성적에 집착하는 문화는 서열을 통해 불필요한 경쟁과 열등감을 조장하는 한국 교육의 산물이기도 하다. 이것은 한국의 자살률이 세계 1위인 것과 결코 무관하지 않다. 획일화된 교육, 창조성을 살리지 못하는 교육은 개인의 개성을 살리는 데 소홀하고 각자의 장점을 부각시키는 일에 무관심할 수밖에 없다. 이것이 곧 온전한 인간으로서의 성장을 더디게 하고, '있는 그대로의 세상'을 통찰하지 못하도록 만드는 것이다. 세상을 지배할 차세대 신기술은 암기에서 나오는 것도 아니고 국·영·수에서 나오는 것도 아니다. 바로 엉뚱하고 기상천외한 창조성에서 나온다는 사실을 잊지 마라.

미국의 천재 발명가 에디슨의 어린 시절, 알을 품어 병아리를 만들어보겠다는 아들의 엉뚱한 행동에 어머니는 말없이 기다려주었다. 이 일화는 현재 우리 교육이 얼마나 삼천포로 빠져있는지를 일깨워 준다. 우리였다면 "네가 그렇게 알을 품는다고 절대 병아리가 되지 않아! 쓸데없는 짓은 안 하는 게 좋아." 하면서 그 발상 자체를 애당초 꺾을 것이다. 경험과 창조에 의한 지식습득 기회를 원천봉쇄한다는 이야기이다.

이 같은 한국의 교육 문제가 도대체 골프 잘 치는 일과 무슨 상관이 있겠냐 싶을 게다. 기억하시라. 성적을 중시하는 문화는 골프나 교육이나 매한가지로 그 본질을 통찰하는데 가림막이 될 뿐이다. '지금의 나'를 성찰하고 성장시키는 일에 단지 그럴싸하고 보기 좋은 껍데기에 불과하다는 것이다. 나는 여기서 이 점을 강조하고 싶다. 골프선수가 아무리 많은 시합을 하고 고된 훈련을 한다 해도 구력과 성적의 관계는 결코 비례하지 않는다. 성장을 저해하는 원인이 분명하게 있을 터, 하지만 본인도 그렇고 누구도 그 원인을 정확하게 짚어내지 못하고 있는 것이다.

성장이 멈춰버린 그대에게 고하느니, 잔디 위에서 무한한 창조성을 발휘하라. 기발한 방법을 시험하라. 이러한 시도는 매우 유용하고 유리하게 작용될 수 있다. 하지만 자신의 생각에 갇혀 있는 사람은 새로운 시도를 꺼리면서 결단에 주저한다. 자신이 한 번도 해보지 않은 방법, 자신이 한 번도 느껴보지 못한 방법, 자신이 한 번도 배워보지 못한 방법들이라 할지라도, 그것들이 자신이 해서는 아니 될 이상한 골프로 인식된다 할지라도 이제는 더 이상 자신만의 방법을 고집해서는 안 된다. 급할수록 돌아가라는 말이 있다. 성적을 위해 노력하는 것은 당연한 일이겠지만 자신이 이루지 못한 더 좋은 성적을 위해서는 새로운 방법이 필요한 것이다. 이것은 마치 대학 입시를 앞둔 수험생이 공부는 안 하고 취미활동에 전념하는 것과 같다. 오로지 공부만 잘해서 좋은 대학 가는 것이 어디 행복이 보장되어 있는 일인가? 취미활동이 평생 직업이 된다면 이것이 더 행복한 삶이 아니겠는가? 성장을 멈춘 골퍼가 창조적인 시도를 주저하지 않아야 하는 이유가 바로 여기에 있다.

창조적인 플레이는 오로지 성적을 위해 시합을 하는 선수에게 매우 큰 도박과도 같다. 그래서 성적에 위협이 되고 성적에 지장을 초래한다고 생각되는 일은 엄두를 못 내게 된다. 시합마저도 이렇게 이야기하고 싶은데 이보다 더 미련 곰탱이 같은 선수들이 있으니, 연습라운드에서도 성적에 집착하는 사람들이다. 연습라운드에서 성적이 좋은들 무슨 의미가 있겠는가? 본 시합을 위해서 코스를 점검하는 것이 주목적이 돼야 하지 않겠는가? 공이 물에 빠지든, OB가 나든, 새 공이 아깝다 생각하지 말고, 스코어를 까먹는다 생각하지 말고 다양한 공략과 창조적인 샷을 적용해봐야 한다. 골프선수라면 항상 이러한 마음으로 연습라운드에 임해야 한다.

골프를 잘 치는 방법에는 정답이 있을 수 없다. 잘 붙이고 잘 넣으면 그것이 정답이다. 그대에게 주어지는 그토록 많은 골프 경기가 이러한 시험무대로 활용될 수만 있다면 자신도 모르게 채워진 족쇄를 벗어던질 수 있을 것이다. 이는 한 경기 한 경기마다 성장의 발판으로 삼을 수 있을 뿐만 아니라 골프의 속성을 바로 알 수 있는 기회를 보다 많이 가질 수 있을 것이다. 그대가 아직도 '예선 통과'가 목표인 골프를 하고 있다면, 성장이 멈춰버린 자신의 골프를 자각해야 한다. 이제는 깨어나야 한다. 온전한 인간으로서 성장을 갈망한다면 무엇에도 구속받지 않는 자유로운 영혼이 되어야 한다. 성적에 집착하는 골프는 불필요한 욕심이며 성장을 저해하는 잘못된 접근임을 분명히 기억하라.

006

우승자 '악동뮤지션'

'악동뮤지션'은 14살 이수현 양, 17살 이찬혁 군으로 구성된 남매 어쿠스틱 듀오이다. 이 남매는 선교사 직업을 가진 부모님을 따라서 몽골로 건너간 후, 이번 오디션 대회 참가를 위해 한국에 다시 돌아왔다. '다리꼬지마', '매력있어' 등의 자작곡은 대회 초반부터 대중적 인기를 폭발시키면서 심사위원으로부터 기대를 한 몸에 받는다.

심사위원 1 _ 저는 K팝스타 시즌 2를 통틀어서 진정한 아티스트는 이 남매가 아닌가 싶습니다. 제 생각에 이 노래 나가면 포털 검색어 1위에 '다리꼬지마' 분명히 올라올걸요. 더 이상 대중은 정형화된 가수들을 원하지 않습니다. 전 이 몽골 남매가, 이 친구들이 아마 시장을 확고히 잡지 않을까 이런 큰 기대가 있어요.

심사위원 2 _ 뛰어난 음악이란 기존에 많은 사람들이 표현했던 걸 전혀 다른 방식으로 표현하거나, 아니면 아무도 표현하지 않았던 걸 표현하거나인데 이 친구들이 부른 자작곡은 이 둘 다예요.

심사위원 3 _ 이 친구들이 앞으로의 무대 그리고 다른 노래들도 어떻게 자기들만의 스타일로 소화를 할지 기대가 됩니다.

악동뮤지션은 이처럼 큰 기대에도 아랑곳하지 않고 자신들만의 이야기를 음악이라는 수단을 통해 진솔하게 표현해 나간다. 대회가 진행될수록 이들의 매력은 더욱 빛을 발하고 심사위원들로부터 시종일관 극찬을 받는다. 이들이 남다른 주목을 받는 이유는 음악에 대해 전문적인 교육을 받지 않았음에도 불구하고 시적이고 창의적인 가사, 참신한 멜로디, 탁월한 편곡 능력, 기막힌 하모니, 매력적인 목소리 등으로 자신들의 이야기를 절묘하게 표현해내기 때문이다. 그리고 때묻지 않은 순수함, 진실성, 솔직함, 배려심 그리고 이들이 14살, 17살이라는 점도 대중들의 마음을 사로잡고 매료시키기에 부족함이 없다. 또다른 심사평을 들어보자.

심사위원 1 _ 그 코드 뭔지 모르고 치죠? 아~ 굉장히 어려운 화성진행이고요. 저 나이에 저런 친구들이 몇 명이나 있을까? 저는 그냥 저코드 3개를 돌리는 것만으로도 계속 듣고 있을 수 있어요. 대중적으로는 어떨지 모르겠지만 저 개인적으로는 아주 실컷 들을 수 있는 곡이 있어요.

　작년만 해도 아무리 누가 잘해도 눈물이 나거나 그러지 않았는데 한 살이면 늙은 건가요? (눈시울이 붉어지면서) 왜 이렇게 눈물이 나죠? 저렇게 어린 친구들이 아무 안 좋은 습관 없이 진심으로 진짜 자기 목소리로 노래할 때 그 감동은 말로 표현할 수 없는 거 같아요. … 중략 … (감탄스러워하며) 아, 정말 잘 들었습니다. 아니, 그동안 십대들이 십대 마음을 담은 노래는 많이 발표했어요. 그런데 사실은 노래는 십대가 불렀지만 가사와 곡을 쓴 건 뒤에서 어른들이 대신 써준 경우가 대부분이었거든요. 이 친구들은 진짜 자기들 노래를 자기들 목소리로 부르고 있는 가수들, 정말 소중한 친구들이 아닌가 생각합니다.

　악동은 정말 노래하고 퍼포먼스만으로 심사하면 안 되는 팀이에요. 우선은 'mmmbop'이라는 노래 자체를 분명히 제가 새롭게 해석하기를 바랐는데, 이게 원래 24분음표로 된 셔플리듬의 곡인데 이거를 자기 맘대로 16분음표로 바꿔서 불렀고, 그 바꾼 리듬에 완전히 적응을 해서 티가 안 날 정도예요. 그게 일단 굉장히 놀라웠고, 그 다음에는 전혀 다른 성질의 곡들을 한 곡으로 합쳐서 자연스럽게 녹여 넣었다는 게 굉장히 놀라운 일이에요. 악동은 그런 음악성을 봐줄 수 있어야 된다고 생각합니다.

심사위원 2 _ 악동뮤지션은, 이런 말 해도 좋을지 모르겠어요. 악동뮤지션을 그림에 비유한다면, 저기 시골 산간에서 고구마 캐던 꼬마아이가 그린 그림? 좋은 대학교를 나오고 외국까지 가서 공부해서 많은 작품들을 보고 영향을 받은 그런 아티스트와 다르게 이 친구들한테는 다른 아티스트한테 전혀 없는 무언가가 있다는 점이에요. 그래서 아마 많은 사람들이 악동뮤지션을 좋아한다고 저는 생각을 합니다.

노래 부르는 내내 가사를 봤는데 아 정말 가사 너무 잘 쓰네요. (감탄스러워하며) 정말 기가 막히게 써요. '지나온 추억, 여름에서부터 추워.' 이렇게 센스 있는 라임들이 보이고요. 노래를 듣는 내내 저도 정말 떠나간 친구들을 생각할 만큼 노래 잘하고 못하고 다 떠나서 정말 진정성이 있는 마음을 움직이는 가사와 노래였습니다.

이 가사를 보면서, '이 밤이 지나면 끝날 모든 일, 서로의 연필로 함께 완성한 그림, 영원히 내 마음 한 곳에 걸어두리.' 와~ 이거는 정말 시예요 시! 가사가 아니라 매번 악동뮤지션을 볼 때마다 가사를 보면서 놀랍니다.

이와 같은 음악 천재가 탄생할 수 있었던 것은 부모님의 교육이 큰 역할을 했다. 비록 타지에서 어렵고 부족한 삶이지만 이들이 실천에 옮긴 것은 아이들을 신뢰하고 좋아하는 것, 잘할 수 있는 것을 격려해주고 누리게 해준 것 그뿐이었다. 나는 이 남매들이 한국에서 자랐다면 결코 이러한 음악적 재능은 가질 수 없었으리라 생각한다. 몽골이라는 자연친화적 환경 그리고 홈스쿨링으로 선택되어진 교육방법이 이들의 특별한 음악성과 결코 무관하지 않다는 생각이다. 그것은 바로 소모적 경쟁과 주입식 교육, 성적에 집착하는 한국 교육을 피할 수 있었기에 가능했으리라. 오디션의 심사위원들 역시 이러한 교육적 측면의 문제를 정확하게 통찰하고 있다.

심사위원 3 _ 정말 부모님들이 어떻게 키우면 저렇게 크는지, 만약에 진짜 자녀분이 있으시지만 저 친구들을 막 보충수업에 학원, 과외에 이렇게 했으면 저렇게 할까요? 정말 아름다운 친구들 같아요. 정말.

자꾸 가사랑 멜로디를 보게 돼요. 악동의 노래는, (감탄하며) 정말 어떻게 가사를 이렇게 쓸까? 악동 부모님이 '우리 자식들 이렇게 키웠다.' 이런 책 쓰면 정말 잘 될 거 같아요. 너무 아름다운 아이들이라는 생각이 들고 역시 음악성과 창의력에 놀랍니다.

악동뮤지션은 200만 명의 지원자로 시작하여 6개월여에 걸쳐 진행된 이 대회에서 대망의 우승을 차지한다. 그들의 기발한 창의성과 진실성, 그리고 나이에 걸맞은 표현력과 음악성, 이것들이 한데 어우러져 우승으로 이끄는 견인차 역할을 했겠지만, 그들이 이렇게 우승까지 할 수 있었던 심리적 무기는 아무런 사심 없이 참가한 무욕의 마음 상태가 아닐까 한다. 노래를 마친 악동뮤지션, 심사평에 앞서 한 심사위원이 질문을 던진다.

심사위원 _ 우리 세 명(심사위원)한테 겁을 안 먹어요. 저희 하나도 안 무섭죠?

악동뮤지션 _ (이수현이 고개를 끄덕거린다.)

심사위원 _ 안 무섭대요. 중학교 1학년이.

대회 참가자라면 누구라도 긴장하는 모습이 당연할 터인데 그런 모습은 보이지 않고 오히려 태연하게 즐기는 모습을 보여준다. 이를 의아하게 생각한 심사위원이 직접 확인을 하고 싶었던 게다. 어떠한 집착도 미련도 없는 상태에서 불안하고 두려울 게 무엇인가? 이러한 심리상태는 다음과 같이 무욕의 상태에서 출발했기에 가능했으리라.

악동뮤지션 _ 맨 처음에는 욕심이 없었어요. 그냥 우리가 어디까지 올라갈 수 있나 보자…….

B

더 나은 게임을 위한 심리전

001

통제 가능한 일과 불가능한 일

게임에 임하는 선수가 불필요한 에너지 소비를 줄이는 것은 중요한 문제이다. 그중 하나는 선수 자신이 통제할 수 없는 영역에 대해 불만을 갖는 것이다. 가령 개미허리 같은 페어웨이, 디보트 천지인 코스상태, 울퉁불퉁한 그린, 벙커 안 발자국에 놓인 공, 꾸리꾸리하게 비 오는 날씨, 재수 없는 동반자, 새벽 첫 티타임, 갤러리의 소음, 맘에 들지 않는 캐디와의 동반 등 이와 같은 사안은 선수가 아무리 불만을 갖는다 해도 결코 자신의 힘으로 바꿀 수 없는 일들이다. 그럼에도 불구하고 시종일관 투덜투덜 댄다면 그것은 분명 쓰지 않아도 될 귀중한 에너지를 낭비하는 일이다.

내가 주목하고자 하는 문제는 단순히 선수가 투덜대는 것이 아니다. 그보다는 실수를 했을 때 그 원인을 어디에 두느냐 하는 문제이다. 비가 오는 궂은 날씨를 누구에게 탓할 것인가? 러프가 깊다고 해서 누구를 원망할 것인가? 예기치 않은 갤러리의 핸드폰 소리에 가서 화라도 낼 것인가? 모두 부질없는 불만이며 책망이다. 이것이 단순한 볼 멘소리로 끝난다면 그나마 다행이다. 하지만 진정 실수의 원인을 이렇게 자신이 통제할 수 없는 영역에 두려 한다면 그것은 마치 제 얼굴 더러운 줄 모르고 거울 탓하는 것과 같다.

선수의 이러한 태도는 게임을 뜻대로 풀어갈 수 없도록 만든다. 풀리지 않는 불만은 잦은 실수로 이어질 것이고 선수는 더욱 예민해질 수밖에 없다. 결국 자신의 운을 탓하는 신세가 되고 분노 → 의욕상실 → 자포자기로 이어지는 악순환의 고리로 빠지게 된다.

나는 이것이 골프선수들의 일시적인 불만이라고는 생각하지 않는다. 이 말인즉슨 실수에 대한 원인 소재를 내부에서 찾으려 하지 않고 외부에 찾으려는 습관적인 경향이라는 것이다. 쉽게 말해 '내 탓이려니.' 하고 넘어가야 할 문제를 늘 '남 탓'만 하려드는 그 사람의 성향이다. 이러한 문제는 1부 '마음 공부'에서 언급한 진정한 나의 모습을 찾는 고민으로써 그 해결의 실마리 잡을 수도 있다. 하지만 모든 문제에 대하여 '나' 중심에서 비롯된 사고가 우선적으로 필요하다.

비가 오는 날에 클럽이 자꾸 미끄러진다면 비가 내리는 하늘을 탓할 일이 아니다. 바람이 많이 분다 하여 바람을 탓할 일도 아니다. 비오는 날씨에, 바람 부는 날에 적절하게 대응하지 못한 자신을 탓해야 한다. 러프가 깊다고 해서, 갤러리가 자꾸 방해를 한다고 해서 그것들을 탓할 게 아니다. 정확하지 못한 자신의 샷을 탓해야 하고 샷에 집중을 유지하지 못한 자신을 탓해야 한다.

이처럼 필드 위에서의 모든 문제는 선수 스스로의 능력으로 통제할 수 있는 일과 통제할 수 없는 일로 존재한다. 여기서 놓치지 말아야 할 중요한 사실은, 훌륭한 선수는 자신이 통제할 수 없는 일에 대하여 결단코 고민하는 일이 없다는 것이다. 그들은 직감적으로 느낀다. 자신의 능력으로 어떻게도 할 수 없는 일은 무조건적인 수용만이 현명한 태도라는 것을 말이다. 그들은 불필요한 에너지를 최소화시킨다. 오로지 할 수 있는 일이 있다면 통제할 수 없는 일에 대해 어떻게 대처할 것인가? 그 뿐이다. 이것이 훌륭한 선수의 자세이다.

　　행여 무조건 '자신을 탓하라'는 말을 충고 그 자체를 위한 충고라 생각하지 않길 바란다. 자신을 탓해야 하는 일은 지극히 극명한 사실이다. 생각해보라. 골프는 어쩌면 주어진 환경과 조건에 누가 더 빨리 적응하느냐를 겨루는 게임일 수도 있다. 주어진 환경과 조건이 게임을 이루는 전제조건임을 이해한다면 좀 더 수용적인 태도를 가질 수 있을 것이다. 이러한 문제에 불평불만을 갖는다고 해서 게임의 조건들이 결코 바뀌지 않음을 직시하여야 한다. 불필요한 에너지를 써가며 공연히 자신을 예민하게 만든다면 이보다 어리석은 일도 없지 않겠는가?

002

악조건은 나에게 유리하다

필드에서 선수 스스로가 통제할 수 없는 영역은 게임의 일부이며 구성요소이다. 그것은 이미 결정되어진 사안이거나 우발적 사건 혹은 천재지변에 의해 어우러지는 지극히 평등한 게임의 조건이다. 설령 오전, 오후 조가 변덕스러운 날씨에 의해 조건이 달라지더라도 그것 역시 불평할 수 없는 게임의 일부임을 인식하여야 한다. 또한 죽을 볼이 나무 맞고 들어오고, 화단의 돌을 맞고 페어웨이로 들어오는 운조차 결코 분리될 수 없는 게임의 조건이다. 왜냐하면 시합이라는 상황에서는 자연발생적이고 무작위적이며 돌발적인 사건에 대하여 어느 특정한 선수에게 더 큰 확률이 주어지지 않기 때문이다. 우리는 이것에 대하여 무언의 사전 동의가 있었기에 시합에 출전할 수 있는 것이다. 그렇지 않다면 어느 누가 이 불공정한 시합에 출전하려 하겠는가?

이것을 이해하고 슬기롭게 대처한다면 자신의 페이스에 방해가 되는 어떠한 조건이 있더라도 긍정적인 마인드로 극복할 수 있다. 그렇

골프, 마음의 게임

다면 여기서 우리는 긍정의 사고를 좀 더 극대화시킬 필요가 있다. 그
것은 게임을 이루는 조건이 어려우면 어려울수록 나에게 더욱 유리한
상황이라고 여기는 것이다. 다음의 예를 보자. 선수들은 좋지 않은 날
씨와 난이도 있는 코스 세팅이라는 동일한 조건에 다음과 같은 대조
적인 반응을 보일 수 있다.

상황＼선수구분	A 선수	B 선수
바람	"바람이 불면 스코어 내기가 힘든데."	"어차피 동일한 조건, 나는 바람을 이길 수 있다."
비	"비 오는 날은 쥐약인데."	"비가 오는 날씨는 오히려 나에게 좋은 기회이다."
좁은 페어웨이	"페어웨이가 좁아서 마음대로 못 때리겠네."	"좁은 페어웨이는 나를 위한 코스다."
어려운 그린	"그린이 어려워서 점수 내기가 힘들겠는데."	"경사가 심한 그린에서 한판 놀아보자. 재미있겠는 걸~."

골프의 승패는 얼마나 적은 타수를 기록하느냐가 관건이다. 하지
만 승패를 결정짓는 요소를 더 큰 틀에서 생각해보자면 주어진 환경
과 조건을 얼마나 잘 극복할 수 있느냐가 중요한 문제일 수 있다. 이러
한 생각 차이는 누구에게나 동일한 조건임에도 불구하고 부정적, 긍
정적 사고의 방향을 결정한다. 그리하여 경기결과에까지 영향을 미칠
수 있다. 이렇듯 생각하는 바에 따라 경기내용이 좌지우지된다면 경
기에 임하는 선수의 태도는 재고해야 할 중대한 사안임에 틀림없다.

이렇게 동일한 악조건에도 불구하고 긍정적 사고가 가능한 이유는, 게임을 구성하는 모든 조건은 참가선수에게 동일하게 적용되는 형평성에 기인한다. 그렇지 않은가? 나에게 좋지 않은 조건은 상대에게도 좋지 않은 것이고, 내가 부담이 되는 것은 상대도 부담을 느낄 수 있다. 또한 나에게 올 수 있는 행운도 악운도 상대에게 똑같이 올 수 있는 조건이다.

여기에 '나'라는 골퍼와 '너'라는 골퍼가 있다. 비바람 치는 악조건의 날씨에 누구의 우세를 점치고 싶은가? '나'라는 골퍼에게 좀 더 희망적인 메시지를 주고 싶지 않은가? 어느 누가 '나'가 아닌 '너'를 응원하겠는가? 동일한 조건이라면 경기의 승패는 생각 차이에서 이미 결정되는 것이다. '할 수 있다'는 내 능력에 대한 믿음! '누구에게도 질 수 없다'는 당위성! 이와 같은 생각 차이에서 우위를 점하고 싶다면 다양한 상황에서 되도록 많은 경험을 가져야 한다. 악조건에서의 훈련을 피하지 말고, 마음에 안 든다 하여 상황을 회피해서는 아니 된다.

생각의 차이는 경험에서 비롯된다. 비 오는 날에 한 번이라도 더 나가보려 하고, 바람이 많이 부는 날에 한 번이라도 더 쳐봐야 한다. 까다로운 코스를 마다하지 마라. 볼치기 좋은 코스만 선호한다면 언제 닥칠지 모르는 악조건에 무력해질 수 있다. 컨디션이 회복되지 않은 새벽 티타임을 더욱 선호해보라. 새벽 티타임에 누구보다도 강해질 수 있다. 이러한 경험이 축적된다면 누구와 붙어도 '너'가 아닌 '나'의 우세를 점칠 수 있는 것이다.

이와 같이 피하고만 싶은 조건을 더욱 수용하려는 자세는 자신을 강한 선수로 성장하게 만든다. 어차피 시합에서 주어지는 다양한 상황은 시합이 거듭될수록 누구에게나 맞닥뜨리는 상황으로 오게 된다. 그러나 나에게 맞지 않는다고 해서 혹은 좋지 않은 조건이라고 해서 항상 도망가고 싶은 마음이라면 그러한 상황에 늘 쫓기는 마음을 거둘 수가 없다. 어차피 맞는 매라면 빨리 맞고 적응하려는 마음이 현명한 선택이다. 골프경기는 주어진 환경을 얼마나 잘 극복하느냐가 승패를 가를 수 있다는 사실을 이제는 이해할 수 있겠는가? 그렇다면 주어진 환경을 되도록 빨리, 되도록 모든 것을 수용하라. 그것이 현명하고 올바른 선택이다. 궂은 날씨에 골프백 내리는 일이 없기를 바란다.

003

골프를 즐기고 있는가?

시합하는 골프선수가 마치 고3 수험생이 시험을 치르듯, 진지하고 심각한 표정으로 게임에 임한다면 이보다 더 골프를 이해하지 못한 사람도 없을 것이다. 골프는 놀이에서 비롯된 공놀이임을 통찰하라. '놀이'라는 것은 '즐거움'이라는 심리적 쾌감과 만족감을 얻기 위한 고등동물의 행위이다. 공 하나 던져주면 세상모르게 노는 강아지를 보았는가? 사자가 먹잇감을 잡아놓고 장난치고 노는 모습을 TV를 통해 보지 않았던가? 이와 같은 동물도 즐겁자고 놀아대는데, 재밌자고 하는 골프에 즐거움이 없다면 강아지만도 못한 인간이 아닌가? 골프 역시 이러한 흥미 유발을 위한 동물적 행위에 불과한 것이다.

시합이라는 명분으로 '즐거움'을 옭아매지 마라. 이것은 골프에 대한 모독이다. 골프는 시합이고 뭐고 간에 즐거워야 한다. 즐기고 또 즐겨야 한다. 즐거움이 없는 골프는 렌즈 없는 안경을 쓰는 것과 같다. 렌즈 없는 안경을 뭐하러 끼고 다니는지 모르겠다. 뭐 나름의 이유가

골프, 마음의 게임

있겠지만, 즐거움 없이 골프하는 사람도 나름의 이유가 있을 터. 하지만 선수가 이러한 골프를 할 이유가 있는가? 선수는 골프 본연의 성질을 이해하고 또 실천에 옮기는 본보기가 되어야 하지 않겠는가?

'무슨 일을 하든 성공의 밑바탕은 긍정적 사고에서 나온다'는 말, 온 세상 사람들이 떠드는 그런 내용이 아니던가? 그리고 '타고난 사람과 노력하는 사람이 즐기는 사람을 이길 수 없다'는 말, 이 역시 즐거움에 담겨진 특별한 기능을 암시하고 있다.

〈완연한 즐김〉 = 〈온전한 실력발휘〉 라는 이 등식은 골프 선수라도 예외는 아니다.

그렇다면 골프에서 즐거움은 무엇으로 규정할 수 있을까? 자연과의 싸움, 고난의 극복, 경쟁, 상금, 긴장, 타구감, 통쾌한 드라이버, 투어(여행), 만남, 퍼팅, 도전, 영예, 인기 등등 저마다 즐거움의 소재는 다양할 것이다. 하지만 그 요소가 무엇이든, 그것으로부터 무한한 행복감과 즐거움이라는 선물을 받을 수만 있다면 무엇이든 좋다고 생각한다. 생각해보라. 이것이 그대가 골프를 하는 진정한 이유가 아니던가?

그러나 선수에게 있어서 골프는, 시합이 아니더라도 언제라도 할 수 있는 그러한 일이다. 따라서 골프선수라면 취미로서의 즐거움보다는 시합을 함으로써 얻을 수 있는 즐거움을 찾아야 한다. 시합이라는 특수성에 기인한 재미요소를 찾아보라. 그것이 바로 시합을 좀 더 의

욕적으로, 좀 더 자신감 있게, 좀 더 최선을 다하는 마음의 엔진이 되어 줄 것이다. 이렇게 즐기는 마음의 상태, 오로지 그것에만 집중이 되어 있다면 좋은 성적은 자연히 따라오게 마련이다.

시합이라는 특수한 상황, 무엇이 시합을 특수하게 만드는지, 또한 무엇을 즐겨야 할지는 그대가 한 번 생각해보라. 행여 시합을 뛰면서 이런 저런 즐거움이 별로 없다는 선수들은 새겨들으시라. 피 같은 돈 패죽이지 말고 골프 때려치우기를 적극 추천한다. 선수로서 성공하기 힘들다. 다른 직업을 찾는 것이 본인을 위해서도 좋을 것이다.

자, 그럼 다시 오디션 현장으로 가보자. 세 명의 소녀들이 팀이 되어 무대 위로 올랐다. 준비도 열심히 했고 의상도 맞추고 최선을 다하는 모습으로 무대를 마쳤다. 그러나 심사위원의 예리한 눈을 피할 수는 없었던 모양이다. 골프와 마찬가지로 이 무대에서도 역시 춤과 노래에 대한 본질적 요소, '즐거움'을 상기시키는 심사평을 들을 수 있었다. 그 심사위원의 심사평은 골프선수들에게 들려줄만한 똑같은 지적이었다.

심사위원 _ 송하예 양은 어떻게 보면 셋 중에 점수가 제일 높았음에도 불구하고, (안타까운 듯한 표정을 지으며) 지금 춤추고 노래하는 일이 굉장히 심각한 일 같아요. 당연하죠. 특히 이게 두 번째 나온 오디션인데 마음 자체를 노는 마음을 안 먹고 있으면, 본인이 안 즐거운데 어떻게 보는 사람이 즐겁겠습니까?

그렇다. 슬픈 노래는 진정 슬프게, 즐거운 노래는 진정 즐겁게, 춤추고 노래하는 일은 그 감정표현에 있어서 거짓이 없어야 함을 지적하고 있다. 그렇지 않다면 좋은 평가를 받을 수 없는 것이다. 이 참가자는 노래와 춤, 이것들의 본래 속성을 잠시 망각하고 자신의 무대를 오직 평가를 받기 위한 무대로 인식한 것이 패인이 된 듯싶다. 또 다른 참가자의 심사평을 들어보자.

심사위원 _ 이천원은 굉장히 노력하는 모습이 제 눈에 보이고요. 방예담 군은 VTR에서 나왔던 것처럼 노력을 별로 많이 안 하는데 즐기는 모습이 무대에서 보인단 말이에요. 명언이 있죠. '노력만 하는 사람은 절대 즐길 줄 아는 사람을 이길 수 없다'라는 말이 있습니다. 방예담 군이 훨씬 어리잖아요. 즐기는 거로만, 진실하게 즐기는 거로만 봤을 때는 전 방예담 군이 '여전히 즐기고 있다'라는 생각이 들었던 무대입니다.

'이천원'이라는 팀은 20대 나이의 남성 듀엣이고 방예담 군은 이제 갓 12살의 어린 소년이다. 어린 소년임에도 불구하고 더욱 무대를 즐기고 있는 모습에 심사위원들은 감탄한다. 노래에서는 이렇게 노래 본연의 속성에 충실할 때 감동이라는 마음의 흔들림이 생겨나는가 보다. 그 속성이라는 것 중에 하나가 '완연한 즐김'에 있다는 사실, 골프와 다르지 않음을 심사위원의 지적에서 여실하게 느낄 수 있다.

이 12살 난 소년은 6개월이라는 긴 시간동안 진행된 오디션 내내 즐기는 모습이었다. 정도 이상의 과분한 심사평이라는 일부 대중들의 지적이 있었지만 그만큼 심사위원들의 마음을 사로잡았다는 뜻이 된다. 그리고 200만 명이라는 엄청난 참가자 수를 기록한 이 대회에서, 비록 우승은 못하였지만 2위에 오르는 기염을 토했다. 이것이 바로 '즐김'에서 비롯된 힘이자 능력이 아닐까 한다.

골프, 마음의 게임

004

마음의 휴식이 필요하다

무슨 일을 하든 몸이 지치면 우리는 휴식을 취한다. 피로한 몸을 회복시키기 위함인데 우리가 이야기하는 휴식은 주로 신체의 휴식을 일컫는다. 철봉에 한번 매달려 버텨보자. 처음엔 언제까지라도 버틸 수 있을 것 같지만 점점 피로해지는 손과 팔은 더 이상 견디지 못하고 떨어지고 만다. 그리고 좀 휴식을 취하면 다시금 철봉을 잡을 수 있는 힘이 생성된다. 이러한 휴식에는 신체의 휴식뿐만 아니라 마음의 휴식도 포함된다. 스트레스나 과도한 긴장 그리고 어떠한 부담감이 가중될 때 우리 마음은 휴식을 갈망하는 것이다.

신체의 휴식과 마음의 휴식, 그 중요도를 따져보자면 나는 마음의 휴식이 신체의 휴식보다 더 중요하다는 말을 하고 싶다. 몸은 힘들어도 정신력으로 버틸 수 있지만 마음이 지치면 아무리 튼튼한 신체라도 부질없는 것이 되기 때문이다. '정신력으로 버티자'는 다짐이 바로 마음의 힘이 신체의 힘보다 우월하다는 것을 증명해주고 있다. 따라서 우리는 마음의 휴식에 더욱 주목해야 한다.

이러한 마음의 휴식! 너무나 중요한 일이지만 대부분의 선수들이 간과하는 부분이다. 간과한다기보다 자신의 '마음 지도'를 그려본 적이 없기에 그 필요성을 못 느끼는 것이라고 이야기해야겠다. 현재 내 마음이 피로한 것인지 아닌지, 똥인지 된장인지, 그것조차 구분이 안 되는 그러한 상태라 볼 수 있다. 대부분의 선수들에게 해당되는 이야기이다.

이해를 돕기 위해 다음의 표를 보자. 골프 선수들의 휴식 유형을 신체와 마음으로 구분하여 비교해보았다. 그리고 휴식의 효과, 성장 가

구분 \ 선수 유형	A형 독한 놈(년)	B형 연습벌레	C형 감이 좋다고 하는 선수
휴식 유형	하루도 쉬지 않고 연습한다. 한시도 골프 생각에서 떠나지 못한다.	쉬는 날은 있지만 채는 놓지 않는다. 휴식 시에도 집안 카페트 위에서 퍼팅연습을 한다. 자기 전에 밖에 나가서 빈스윙도 한다.	정기적으로 확실한 휴식을 갖는다. 이때는 골프 생각을 아예 하지 않고 휴식을 취한다.
휴식의 효과	몸도 마음도 휴식이 없다.	몸은 쉴지언정 마음의 휴식은 없다.	몸도 마음도 쉴 수 있다.
성장 가능성	부상 및 우울감으로 머지않아 중도 포기할 가능성이 높다.	성공가능성은 있지만 선수생활에 행복감을 느끼지 못한다.	성공가능성 높고 선수생활이 행복하다. 생활 만족도가 높다.
생활 만족도	매우 낮다.	비교적 낮다.	높다.
주위 시선	'답답할 정도로 열심히 한다'는 말을 듣는다.	'매사에 열심이다'라는 말로 긍정적인 평가를 받는다.	'놀면서도 잘한다'는 말을 듣는다.

능성, 생활 만족도, 주위 시선 등을 분석해보았다. 이것을 TMR(Type of Mind Rest) 표, '마음 휴식표'라 이름 지어 본다.

첫 번째 A형은 '오로지 연습만이 살길이다'는 생각으로 연습에 매달린다. 스윙을 배워야 하고 익혀야 하는 특별한 기술로 인식하고 매일 굳히기에 돌입한다. 뭔가 완성해야 할 동작이 있고 그것이 왜 안 되는지 하루하루 분석에 매달린다. 성적이 안 나오면 아직도 완성되지 못한 자신의 스윙 탓으로 돌리고 '더 열심히'라는 다짐으로 불안한 마음을 달랜다. 바로 'Double A-P' 시스템의 전형이다.

이와 같은 유형은 하루라도 연습을 안 하면 감의 상실을 토로하고 불안함을 느낀다. 그래서 쉬지를 못하는 것이다. 골프에 대한 불안한 마음은 일상생활로 이어진다. 골프생각을 한시도 떨치지 못하는 것이다. 생활만족도가 높을 리 없다. 몸도 마음도 지쳐 힘든 삶을 살아간다. 주위에서도 '힘들어 보이니 좀 쉬면서 해라'는 말을 듣곤 하지만 또 다시 연습에 매진한다. 그래서 독한 놈(년) 소리를 듣는다. 나는 이렇게 단언한다. 선수로서 성공여부 '제로'다.

그나마 두 번째 B형은 A형보다 좀 낫다고 할 수 있다. 독하게 보이지는 않지만 늘 잘하려고 애쓰는 모습이 좋아 보인다. 간혹 성적이 잘 나와 열심히 한 만큼의 보답을 얻는 것 같기도 하다. 그래서 '열심히 한다', '잘한다'는 이야기와 함께 주위 사람들로부터 좋은 평가를 받는다. 이 같은 선수는 우승도 할 수 있다. 반짝 스타까지는 가능하다. 그러나 좋은 선수 혹은 항상 대중의 인식에서 떠나지 않을 만큼의 그러한 골프스타는 되지 못한다. 이유는 이렇다. 시합과 훈련으로 몸이 힘들어지면 좀 쉬고 싶은 마음을 갖기는 한다. 그러나 감의 상실이 두려워 쉬면서도 할 수 있는 연습을 찾는다. 오늘 하루 쉬기로 작정을 했지만 집에서도 퍼팅 연습, 빈스윙 연습을 하는 것이다. 골프 관련 책을 보고 골프방송을 보는 것 역시 쉬면서 할 수 있는 조그마한 노력이라고 생각한다. 그러나 이러한 노력이 '연습벌레'라는 별명으로 미화될 수는 있겠지만 선수로서 롱런(long run)할 수 있는 심리적 기반은 될 수 없다. 자칫 스스로를 갉아 먹는 '좀벌레'가 될 수 있다는 사실을 선수 자신은 모른다. 여기에는 바로 마음의 휴식이 없기 때문이다.

마음의 휴식이 없다는 말은 평소 삶의 만족도가 높지 않음을 의미한다. 골프시합에서 우승하면 당연지사 기쁜 일이다. 그러나 내 마음은 휴식 없이 쳇바퀴로 돌아가야 한다는 것을 잘 알고 있기 때문에 아무리 기쁜 일이 있어도 잠시뿐이다. 내 마음은 항상 피로감에 젖어 있다는 사실을 까마득히 모르고 있는 것이다. 이러한 삶이 반복되다 보면 마음은 점점 힘을 잃어갈 수밖에 없다. 급기야 자신의 삶이 법에서도 보장된 행복 추구를 과연 잘하고 있는지, 비로소 자신의 삶에서 골프가 무엇인지 고민하게 된다.

내 청춘을 앗아간 골프, 남들 어쩌고저쩌고 할 때 나는 골프만 쳤다는 둥, 골프밖에 모르고 살아온 내 인생이 불쌍하다는 둥, 골프기계로 살아온 삶에 뒤늦은 후회만 있을 뿐이다. 골프선수로서 족적이라도 한번 남기고 후회를 한다면 그나마 다행이다. 그렇지 못하다면 그 한스러움은 더욱 커질 수밖에 없다. 이러한 유형은 한국에서 골프를 배워온 대부분의 선수들에게 해당되는 이야기이다.

마지막 C형, 이 유형이야말로 롱런을 보장하는 선수생활이며 내 삶과 공존하는 골프이다. 삶의 전부가 아닌 일부로서의 골프! 삶의 목적이 아닌 수단으로서의 골프! 이런 골프를 하지 않는다면 마음의 휴식은 없을 것이다. 과연 삶의 행복이 무엇인지, 골프는 내게 어떤 행복을 가져다주었는지를 고민하게 된다.

골프가 아무리 재미있다 하여도 한시도 그것을 놓지 않고 의무방어적인 골프를 한다면 당연히 물릴 수밖에 없다. 생각해보라. 아무리 맛있는 음식이라도 날마다 쉬지 않고 먹는다면 물리지 않겠는가? 아무리 예쁘고 사랑스러운 애인이라도 잠시도 떨어지려 하지 않는다면 그것이 좋을 것이라 생각되는가? 휴식이 좋다 하여 몇 날 며칠 집안에 처박혀 있다면 그게 어디 견딜 수 있는 일인가?

골프선수가 마음의 휴식을 갖는다는 것은 골프와 단절된 시간을 의미한다. 골프를 까마득히 잊어버릴 수 있는 시간, 머릿속에서 골프를 깨끗이 지워버릴 수 있는 시간, 그 공백의 시간이 필요한 것이다. 그 시간에는 자신의 색깔을 낼 수 있는, 혹은 자신의 또 다른 관심에 집중할 수 있는 시간으로 채워져야 한다. 연애든, 취미든, 배움이든, 그것이 무엇이든. 기억하라. 삶의 행복은 '나'다운 삶, '나'만의 색깔을 표현할 때 시작되는 것이다. 삶 자체가 행복할 때 선수는 경기를 즐길 수 있다. 경기를 즐길 수 있을 때 비로소 좋은 성적을 낼 수 있는 것이다.

따라서 일주일에 하루 정도는 마음껏 놀아라. 휴식을 취하는 시간에는 완벽하게 골프를 잊어야 한다. 골프를 떠나 다른 무언가에 집중할 때도 결코 불안해하지 마라. 골프와 단절된 시간은 반드시 필요하다. 이러한 휴식은 골프에 대한 의욕과 열정을 다시금 불태울 것이다. 그리고 다시 골프로 돌아와 연습을 한다면 집중은 더욱 높아질 것이다. 이것은 그토록 사랑하는 연인과 잠시 떨어져 있다가 다시 만나는 기쁨과도 같다.

하루 쉬는 것조차 양심의 가책을 느끼도록 하는 말이 있다. '하루 연습을 안 하면 자신이 알고, 이틀 연습을 안 하면 갤러리가 알고, 사흘 연습을 안 하면 온 천하가 안다.' 그럴듯한 말이지만 여기에는 함정이 있다. 이 말은 꾸준한 연습의 중요성을 말하는 것이지 결코 쉼 없이 하라는 것이 아니다.

골프에서 집중은 가장 중요한 심리적 요소이다. 마음이 하는 일 중에 하나가 바로 집중이기도 하다. 마음을 잘 살펴야 하는 이유가 바로 여기에 있다. 휴식 없는 노동, 그 생산성이 높아지겠는가? 효율성이 보장이 되겠는가? 이것이 바로 마음의 휴식이 필요한 궁극적인 이유이며 골프가 멘탈 게임이 되는 까닭이다.

005

연습량에 대한 고찰

마음의 휴식은 그렇게 실천하면 될 것이고, 이번엔 연습량에 대해 생각해보자. 골프선수라면 하루 연습은 과연 얼마큼이 적당하다고 생각하는가? 하루에 3시간? 5시간? 저마다 정해진 시간 혹은 적어도 몇 시간은 해야 한다는 의무감이 있을 것이다. 하지만 나는 정해진 시간과 양의 문제는 결코 중요하지 않다는 생각이다. 골프가 질적인 연습이 중요하다고 강조하듯, 질적인 연습이 되었느냐 안 되었느냐 혹은 훈련 시 심리적 접근을 하였는가 못하였는가가 더욱 중요한 문제라고 본다. 이러한 접근이 필요한 이유는 골프는 멘탈 게임이면서 연습과 성적의 관계가 결코 비례하지 않는다는 종목특성 때문이다. 연습만 많이 한다고 해결되는 것이 아니다.

앞서 제시한 TMR(Type of Mind Rest) 표를 다시 한 번 살펴보라. 연습량이 많을수록, 골프에 대한 생각에 많을수록, 선수로서 성공 가능성과 생활 만족도는 낮아진다. 여기서 말하는 연습량이라는 것은 단순한 양적 시간과 볼의 양적 개수를 뜻하는 것으로 잘못된 연습 방법이라는 의미를 내포하고 있다. 이러한 관점에서의 연습량은 성적과 반비례 관계에 있음을 알 수 있다. 이 말인즉슨 연습을 아무리 많이 해도 방법이 잘못됐다면 소용이 없다는 말이다.

이 시점에서 '많은 연습량'을 두 가지 패턴으로 나누어서 생각해 볼 필요가 있다. 하나는 잘못된 방법으로 채워진 '많은 연습', 또 하나는 올바른 연습으로 채워진 '많은 연습'이 그것이다. 다시 말해 전자는 'Double A-P' 시스템에 기초한 것이고, 후자는 'I-double C' 시스템에 기초한 것이라 할 수 있다. 이 두 가지 패턴을 구분해야 하는 이유는 무조건적 '많은 연습'에 대한 경계를 하기 위함이면서 '많은 연습 = 성공'이라는 단순한 비례관계를 주입시키려는 미디어의 수고에 진실을 밝히고자 함에 있다.

세계적으로 유명한 어느 골프선수가 '죽을 똥 싸서 성공했다'라고 매스컴을 통해 소개됐다고 치자. 우리가 매스컴을 통해 이러한 내용을 봤다하더라도 단순히 많은 연습량에 동조해서는 안 된다. 그리고 맹목적으로 그렇게 많은 연습량을 따라해서도 안 된다. 아무리 많은 연습을 한다 해도 '잘못된' 혹은 '질적이지 못한' 혹은 '분석적인' 연습이라면 결코 성공할 수 없기 때문이다. '죽을 똥 싸서'라는 말 앞에는 '올바른 연습' 혹은 '질적인 연습' 혹은 '본능의 연습' 혹은 '감의 연습' 등 연습의 방법론에 대한 문제가 반드시 포함되어 있어야함을 알아야 한다.

운동선수가 그토록 연습을 많이 해서 성공했다는 사실에는 누구하나 딴죽을 걸 사람이 없다. 하지만 매스컴은 이렇게 연습만이 전부인 것처럼 스토리를 조장한다. 매스컴의 더욱 큰 문제는 그토록 연습에 매달리지 않고도 성공하는 선수마저 그 사실을 애써 외면하려 한다는 점이다. 바로 '죽을 똥 싸서' '피나는 노력으로'라는 말로 포장하기에 급급한 것이다. 매스컴이 이럴 수밖에 없는 이유는 '죽을 똥 싸서' 하지 않고 혹은 '즐기는 골프'를 하면서 성공한 사례에 대해서 누구에게나 공감할 만한 그 근거를 제시할 수가 없기 때문이다. 스토리 또한 매끄럽지 않은 것도 또 다른 이유이다. 쉽게 말해 매스컴은 놀면서 성공했다는 이야기를 하지 못하는 것이다. 이것이 매스컴의 정보전달오류라는 역기능이기도 하지만 진실이 눈에 보이지 않는다고 해서 그 진실을 통찰하지 못하는 우매한 군중의 소식이기도 하다.

TMR(Type of Mind Rest) 표에서 제시했듯이 나의 이러한 주장에 대해서 무조건 많은 연습이 나쁘다는 논리로 오해하지 않길 바란다. 다만 연습이 정도 이상으로 많아지면 잘못된 연습이 될 공산이 크기에 마음속 구석에 있는 노파심을 끄집어내는 것이다. 나는 연습의 핵심을 이야기하고 싶다. 연습량과 성적이 비례관계가 되려면, 골프 연습은 결코 양에 달려 있는 것이 아니고 어떻게 연습하느냐가 중요하다는 말을 하고 싶은 것이다.

이렇게 연습량의 의미와 성적과의 관계를 기본적으로 이해하고 난 후에 얼마큼의 연습이 필요한지 생각해보는 것이 옳은 수순이다. '감의 연습' '질적인 연습'과 같이 올바른 연습이 가능하다면 어느 정도의 연습이 적정한지 생각해보자. 우선 다음의 표를 이해해보자. 이 표는 골프선수의 이상적인 연습량을 나타내는 표로서 IPG(Ideal Practice of Golfer) 패턴이라고 이름 지어 본다.

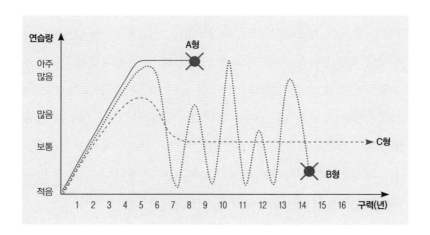

이 표는 선수가 되고자 골프에 입문하여, 구력이 늘어남에 따라 변화할 수 있는 이상적인 연습량을 나타낸 것이다. 그러나 이 표에서 보여주는 구력과 연습량의 관계는 절대적인 개념이 아니고 패턴을 보여주기 위한 상대적인 개념으로 이해하길 바란다. 또한 모든 선수들을 이렇게 3가지 패턴으로 규정할 수 없기에 이 역시 비교를 위한 나의 주관적인 견해임을 밝힌다.

A형의 선수는 연습량이 많다. 그리고 모든 생활 패턴이 골프를 잘 치기 위한 노력으로 맞춰져 있지만 좋은 성적은 내지 못한다. 연습을

골프, 마음의 게임

의무적으로 하는 경향이 있고 골프를 즐기지 못한다. 몸도 마음도 지쳐 머지않아 선수생활을 포기하는 유형이다. 골프를 잘못 이해한 전형이다. B형의 선수 역시 골프를 멘탈 게임으로서 접근하지 못하고 선수생활에 기복이 심한 편이다. 자신의 문제를 스윙 탓으로 생각하는 경향이 강하고 스윙 바꾼다는 소리를 자주 해댄다. 역시 좋은 성적을 꾸준하게 기대할 수 없다.

이 장에서 이야기하고 싶은 것은 바로 C형의 패턴이다. 골프를 잘 몰랐을 때는 연습량이 많을 때가 있다. 그러나 적절한 시행착오를 거치면서 골프의 속성을 완연하게 이해하기 시작하면 자신의 몸을 혹사시키지 않는다. 구력이 늘어날수록 의무적인 연습은 아무런 효과가 없음을 본능적으로 느끼고 꼭 필요한 연습만 하게 된다. 바로 연습의 효율을 극대화시킬 수 있는 자신만의 연습방법을 구축하게 되는 것이다. 여기에는 본능과 감에 기초한 골프가 전제되어 있다. 연습이 시작되면 그 감의 확인으로써 연습을 끝낸다. 이것은 결코 동작의 굳힘이 아닌 매순간 달라지는 자신의 감을 정돈하고 단지 그 감의 유지를 위한 것이다.

가장 중요한 것은 골프가 자신의 삶의 전부인 양 살아가지 않고 일상생활과 더불어 골프 자체를 즐긴다는 점이다. 골프를 정말 좋아하게 되고 골프가 항상 재미있으며 행복감이 충만한 삶을 살아간다. 이러한 심리상태에서 적절한 연습량이 나오게 되는 것이다. 질적인 연습은 이렇게 해서 이루어진다. 오래도록 선수생활을 할 수 있는 비결

이 바로 여기에 있다. 이러한 IPG 패턴에서 나타나는 ABC 유형은 앞서 제시한 TMR(Type of Mind Rest) 표의 ABC 유형과 매우 흡사하다.

이 글을 읽고 있는 그대는 어느 유형에 포함된다고 생각하는가? 골프 선수로서 행복한 삶을 살고 있는가? 골프가 즐겁고 재미있는가? 스스로에게 질문을 던져보고 자신의 위치는 어디에 머물러 있는지 살펴보길 바란다.

나는 계속 '오로지 연습만 많이 한다고 해서 성공할 수 있는 것은 아니다'라는 주장을 하고 있다. 이는 오디션 무대에서도 확인할 수 있다. K팝스타 시즌 2에는 소녀들로 구성된 5인조 댄스그룹이 참가했다. 그러나 이 대회에서는 다섯 명의 소녀 중 오직 한 명만 톱10에 진출하였다. 그리고 이 소녀는 프로그램 종료 후 한 기획사와 계약을 이끌어냈다. 가수가 되고자 하는 자신의 꿈에 한 발짝 다가선 것이다. 그 소녀는 바로 손유지 학생이다. 그 후 시즌 3에서는 손유지 학생을 제외한 나머지 4명이 재도전하였다. 우선 손유지 학생의 말을 들어보자.

손유지 _ 안녕하세요. 저는 K팝스타 시즌 2에서 그룹 퍼스트원으로 나왔었던 손유지입니다. 작년에 K팝스타 톱8까지 올라갔었는데요. 그 덕분에 DSP 회사에 소속되어서 열심히 연습하고 배우고 준비 중입니다. K팝스타가 없었더라면 평범한 학생으로 지냈을 것 같은데 가수라는 직업에 한 발짝 한 발짝 더 다가서게 되는 것 같아서 제 인생이 바뀐 거 같아요. 친구들이랑 동생들도 다 너무 보고 싶어요. 진짜. 지금 같이 있지는 못하지만 마음속으로 응원하고 있다는 거 알아줘야 해! 화이팅!

친구의 성공을 뒤로 하고 나머지 네 명의 소녀는 가수의 꿈을 품고 1년간 열심히 연습했다. 그리고 다시 심사위원을 앞에 두고 무대 위에 섰다. 당차게 인사하는 모습에 그녀들의 의지를 엿볼 수 있었다.

퍼스트원 _ 안녕하세요~. 저희는 최고가 되기 위해 최선을 다하는 퍼스트~ 원! 입니다.

인사를 마친 소녀들은 그간의 준비한 칼 군무의 춤솜씨와 한층 성장된 노래실력을 선보였다. 그러나 무대가 끝난 심사위원들의 말이 심상치가 않다. 심사위원들의 말을 들어보자.

심사위원 1 _ (진지한 표정으로) 연습으로 해결될 수 있는 부분이 있고 생각을 다시 해야 되는 부분이 있어요. 생각은 안 되고 연습만 열심히 한 것 같아요. (강조하듯) '이 동작을 더 정확하게! 하고, 더 힘 있게! 하고, 노래를 더 정확하게! 하면 되겠지.' 이런 생각으로 1년이 갔던 것 같아요. 그게 아니에요. 무대 위에서는 굉장히 자연스러워 보여야 되는 게 있어요. 그게 없으면 보는 사람이 빨려 들어갈 수가 없어요. 그런데 그거를 갖고 있었던 거예요. 유지 양에게는. 제가 이 말씀을 왜 드리냐면 넷 다 지금 재도전했기 때문에 제가 정말 도움이 되는 말을 해줘야 될 것 같아서. 뭐냐 하면 유지 양이 나머지 4명보다 더 잘해서 선택된 게 아니에요. 자연스러움이었어요. 자연스러움. 어린 친구들이 재도전해야 된다니까 정~말 열심히 한 거 같아요. '열심히', '더 잘해야지.' 이건 시험이 아니에요. 아무튼 예술이잖아요. 그죠? 아직 어리니까 음악, 춤, 노래에 대해서 좀 깊게 다시 오래 생각해볼 필요가 있을 거 같아서 너무너무 미안하지만 (안타까운 표정으로) 오늘은 불합격을 드릴 수밖에 없을 것 같아요. 죄송합니다. 미안해요.

예상 밖의 혹평을 들은 참가자들은 눈시울을 붉혔다. 1년 동안 그토록 열심히 노력했지만 다시금 실패의 쓴맛을 보게 된 것이다. 무대를 퇴장하는 그녀들이 뒷모습이 아련하게 느껴졌다. 그런데 "잠시만요!"라는 말과 함께 그녀들을 다시 무대로 돌아오게 만든 심사위원이 있었다. 그의 말을 들어보자.

심사위원 2 _ 잠시만요! 잠깐 무대 다시 올라와보세요. 1년 만에 봤는데 가장 중요한 깨달음을 못 깨달은 거 같단 말이에요. 그죠? 저도 예전에 춤췄던 댄서거든요. 옛날에 춤 혹시 아저씨 영상 찾아본 적 있어요? 춤추는 거? 아저씨는 연습 진짜 안 했어요. 정말로. 놀면서 했지. 이 팀한테 그게 안 보여서 그런데, 불합격 버튼을 눌러놓고 나서도 다시 부른 이유가 뭐냐면, 제 앞에 이 '와일드카드'라는 거 기억하시죠? 심사위원들이 다 불합격을 줘도 심사위원의 권한으로 한 번 더 기회를 줄 수 있는 거예요. 저한테 한 장밖에 쓸 수 없는 카드지만 열심히 연습해서 왔으니까 유효진 양! 유효진 양이 이리로 오세요. 이 카드 내가 여기다가 적어줄게요. "즐겨라! 연습하지 마라!" 악필이지만 이렇게 써 드렸으니깐요. 다음 라운드가 언제 또 개최될지 모르겠지만, 춤 동선 이런 거 안 맞아도 좋으니까 '우리 이만큼 즐길 수 있거든요' 라는 모습을 보여줬으면 좋겠어요. 왜냐하면 두 번은 나올 수 있지만 시즌 4에서 세 번 도전하기 되게 힘들잖아요. 그죠? 어떻게 보면 이게 마지막 기회니까 오늘부터 마음 편하게 먹고 다음에 여기 있는 모든 스텝들한테 뭔가 보여주세요. 다음에 와서는 놀기! 신나게! 틀려도 좋으니까 울지 말고 웃으며 내려가기! 기회 얻었으니까 알았죠? 파이팅!

친구 손유지 양의 성공은 네 명의 소녀들에게 '열심히', '더 잘해야 지'라는 마음을 심어주기에 충분했다. 그리고 1년 동안 정말 열심히 한 모양이다. 심사 내내 눈물을 흘리는 그녀들의 모습에 그간의 노고를 느낄 수 있었다. 하지만 심사위원들은 냉철했다. 심사위원은 말한다. '동작을 정확하게 하려 하고 노래를 정확하게 하려는 것은 아직 음악을 모르는 것이다. 더 깊이 생각해보아야 한다.' 열심히 노력은 했지만 방법이 잘못되어 있음을 지적하고 있다. 그렇게 열심히만 하는 것으로는 진정한 노래, 진정한 춤이 될 수 없음을 강조하고 있다. 그리고 오히려 연습을 하지 마라고까지 이야기한다. 심사위원들은 '즐김'에서 나오는 춤과 노래를 원했던 것이다. '즐김'이 없는 춤과 노래는 아무 소용이 없음을 이야기하고 있다. 이것은 마치 생명이 없는 그럴싸한 마네킹에 비유할 수 있다.

어떤가? 골프의 그것과 기막히게 똑같지 아니한가? '즐김'이 없는 골프, 본능과 감이 없는 골프, 오로지 동작만 만들려는 골프, 이러한 골프는 아무리 '열심'이라도 성공할 수 없다. 이것은 마치 감정 없이 하는 춤과 노래와 다를 바 없는 것이다. 바로 불합격이다.

심사를 끝낸 심사위원들은 안타까운 현실에 대해 이야기한다.

심사위원 1 _ 제일 두서없는 심사였던 거 같아 나. 말하는 내내 어떻게 해야 될지 모르겠는 거예요.

심사위원 3 _ 두 분한테 막 그게 느껴져요.

심사위원 2 _ 참 가슴이 아픈 일인 거 같아요. 누구는 좋은데 가고 자기는 남아서 연습하는데 또 안 좋은 이야기를 듣고.

심사위원 3 _ 그런데 그게 또 여기뿐만이 아니고 세상이…….

골프, 마음의 게임

심사위원 2 _ 그렇죠! 세상이 다 그렇죠! 뭐 입시는 안 그런가요?

심사위원 3 _ 그때는 지금처럼 두 분처럼 얘기해주는 사람도 없고.

심사위원 2 _ 그러니깐요.

심사위원 3 _ (인생에) 와일드카드도 없고.

인생에 있어서 와일드카드는 없다. 무조건적인 '열심히'로 성공할 수 있는 것도 아니다. 골프나 노래나 본질을 통찰해야 하는 이유가 바로 여기에 있다. 부디 자신의 생각에 갇혀 소중한 인생을 허비하지 않길 바란다.

006

지피지기 백전불태 (知彼知己 百戰不殆)

손자병법(孫子兵法)은 고대 중국으로부터 내려온 고전으로 전쟁을 승리로 이끌기 위한 지혜의 책이다. 이 책에 가장 유명한 구절로는 다음과 같은 말이 있다.

지피지기 백전불태(知彼知己 百戰不殆).
부지피이지기 일승일부(不知彼而知己 一勝一負).
부지피부지기 매전필패(不知彼不知己 每戰必敗).

적을 알고 나를 알면 백 번 싸워도 위태로울 것이 없고,
나를 알고 적을 모르면 승과 패를 주고받을 것이며,
적도 모르고 나조차도 모르면 싸움에서 반드시 패배한다.

'지피지기면 백전백승'이라는 말로 많이들 들어봤으리라. 진부한 내

용일지도 모르지만 이 말의 의미를 제대로 이해할 수 있다면 골프시합을 치르는 선수에게 이보다 더 의미 있는 말도 없을 것이다.

이 구절은 골프가 멘탈 게임이라는 관점에서 충분하게 적용이 된다. 우선 나를 아는 것과 나를 모르는 것, 이것은 나의 마음이 어떻게 생겨먹은지를 아느냐 모르느냐로 이해할 수 있다. 자신의 마음이 어떠한 상황에서 불안을 느끼고 어떠한 상황에서 분노를 일으키는지, 또는 어떠한 상황에서 집중을 잘하는지, 그리고 못하는지, 내가 느끼는 자신감은 진짜인지 가짜인지, 이러한 나의 마음상태에 얼마큼의 대처가 가능한지. 결국 이것은 나의 마음상태를 이해하고 그것이 스스로 조정 가능한지의 여부가 '나'를 아느냐 모르느냐의 전부이다. 이 책에서 다루는 주요한 내용이 바로 '나의 마음'에 대해서 공부하는 것이니 '지피지기'에 지기(知己)에 해당되는 것이다.

그렇다면 지피(知彼)는 어떻게 할 것인가? 실제 전쟁에서는 적의 병력 규모, 보급로, 적군의 사기, 적군의 장단점, 적장의 성향 등 적군을 설명할 수 있는 모든 정보가 적을 아느냐 모르느냐의 전부이다. 그렇다면 골프시합에서 상대를 안다는 것은 무엇일까? 골프는 축구와 농구 그리고 유도와 권투처럼 부딪치며 겨루는 스포츠가 아니다. 오로지 나에게 주어지는 퍼포먼스를 제대로 수행했느냐가 승패를 가르는 스포츠이다. 이러한 폐쇄운동(사격, 양궁, 체조 등)에서는 심리적인 문제가 경기의 승패를 크게 좌우하게 된다. 아이러니하게도 폐쇄운동에서는 상대의 정보를 되도록 모르고 있어야 유리하다. 경쟁자에 대해

속속들이 알아봤자 내 마음의 변화를 일으키는 단초가 될 뿐 결코 도움이 되지 않는다는 이야기이다. 내 할 일만 잘하면 되는데 상대에 대한 정보가 무슨 필요가 있겠는가?

그러나 현실에서는 어쩔 수 없는 상황이 연출된다. 원하든 원치 않든 우리는 눈과 귀라는 감각기관을 통해 상대를 인지해야만 한다. 이렇게 우리는 불필요한 상대의 정보에 심리적 대처를 생각해봐야 하는데 여기서 바로 지피(知彼)가 필요한 것이다. 상대를 인식하는데 있어서 자신의 경기에 부정적인 작용이 되지 않게끔 혹은 쓸데없는 마음의 변화가 없게끔 해야 한다는 이야기이다.

그렇다면 골프시합에서의 상대는 누구인가? 크게는 모든 참가자, 작게는 동반자를 의미한다. 이러한 의미에서 지피(知彼)를 생각해보자면, 상대를 안다는 것은 그들의 마음상태를 관조하는 일이다. 골프가 멘탈 게임이라는 점을 미루어 본다면 상대의 마음상태를 파악하는 일이 곧 적군의 모든 정보이며 나의 불필요한 마음 변화에 대처하는 일이라 할 수 있다.

그렇다고 시합에 나서는 선수더러 동반자의 마음상태를 일일이 살펴보라는 것은 내가 말하는 지피(知彼)는 결코 아니다. 내가 말하고자 하는 것은 시종일관 변화무쌍한 나의 마음처럼, 상대의 마음 역시 고요한 바다에서 성난 파도에 이르기까지 매한가지 카멜레온과 같은 범인(凡人)의 가슴을 헤아리라는 뜻이다. 가령 내가 긴장되면 상대도 긴장할 것이며, 내가 불안하면 상대 역시 불안을 느끼는 것이다. 시합을

하면서 유발되는 모든 심리적 부담감은 결코 나만의 일이라 착각해서
는 아니 된다는 말이다.

상대가 아무리 잘나가는 사람이고 유명한 사람이라도 이렇게 상대
의 마음을 관조하는 일에는 변함이 없어야 한다. 그들이 제아무리 날
고 긴다 하여도 나와 태생이 같은 번잡한 인간의 마음이다. 이러한 관
점에서 '나'와 '너'의 마음상태를 통찰할 수 있다면 시합에 들어설 때
떨리는 마음은 한낱 스치는 실바람에 지나지 않음을 느낄 수 있다. 또
한 상대가 아무리 뛰어난 타이거 우즈 할아버지라도, 그로부터의 무
조건적 주눅감과 열등감에서부터 벗어날 수 있는 기틀을 마련하게 된
다. 다시 말해 상대로부터 생성되는 모든 부정적 정서는 상대가 주는
것이 아니고 내 스스로 만들어 내는 것이라는 점을 통찰할 수 있다는
말이다. 이것이 곧 백전백승의 토대가 된다는 사실, 이제는 어렴풋이
느낄 수 있을 것이다.

'부지피부지기 매전필패(不知彼不知己 每戰必敗)라. 적도 모르고 나
조차도 모르면 싸움에서 반드시 패배한다'는 이 말. 반드시 기억하라.
골프는 멘탈 게임이며 선수가 마음의 대해서 이도저도 모른다면 골프
선수로서 반드시 패배할 수밖에 없다.

007

롱게임과 쇼트게임의 심리

골프경기에서 기술적 영역은 크게 롱(long)게임과 쇼트(short)게임으로 구분되어진다. 경기를 보다 효율적으로 운영하기 위해, 골프라는 경기의 속성을 제대로 이해하기 위해서는 이 둘의 개념을 온전하게 파악해야 한다. 이것은 결코 기술적인 영역에 국한된 이야기가 아니다. 필연적으로 심리적인 영역과 결부되어 있다는 사실을 인지하기 위함이다.

우리가 보통 생각하는 롱게임은 드라이버 샷, 우드 샷, 아이언 샷 등으로 긴 거리 위한 풀스윙 개념을 말한다. 반면 쇼트게임은 어프로치, 퍼팅, 벙커샷 등의 비교적 짧은 거리를 위한 작은 스윙을 일컫는다. 이를 다시 상대적인 개념에서 생각해보자면 전자는 '힘을 다해 휘두르는 일'로 후자는 '힘의 조절이 필요한 일'로 이해할 수 있다.

한 번 생각해보자. 과연 이 둘 중 어느 것이 더 쉬운 일일까? '힘을 다하는 일'이 '힘을 조절하는 일'보다 리듬과 템포를 조절하고 유지하는 것이 더 쉽지 않겠는가? 아마도 그럴 것이다. 스윙 크기가 매번 변하는 것보다 변하지 않는 것이 더 쉬운 일일 게다. 이번엔 다른 관점에서 생각해보자. '골프를 잘 친다'는 일은 결국 스코어를 잘 내야함을 의미한다. 이러한 의미로 볼 때 '힘을 조절하는 일'이 더욱 어려운 일이라 느껴질 수밖에 없다. 그 이유는 스코어를 잘 내는 일은 바로 쇼트게임 능력에 따라 판가름이 나기 때문이다. 따라서 골프선수라면 롱게임 연습보다 쇼트게임 연습에 더욱 많은 시간을 할애해야 한다. 자신의 연습 패턴을 되돌아보라. 아마도 시합이 뜻대로 되지 않는 선수라면 롱게임 연습이 더 큰 비중을 차지하고 있을 것이다.

쇼트게임 연습이 더욱 필요한 이유를 좀 더 깊게 생각해보자. 쇼트게임이 더 어렵고 성적에 더 큰 비중을 차지한다는 것은 표면적이고 1차적인 이유에 불과하다. 또 다른 이유를 생각해보자면 그것은 내부의 심리적 영역과 연결되어 2차적인 문제에서 찾아볼 수 있다. 이 문제를 두 가지로 살펴보자면 다음과 같다.

첫 번째는 쇼트게임이 강해지면 롱게임이 여유로워진다. 롱게임이 여유로워진다는 말은 롱게임에 대한 심리적 부담감을 덜 수 있다는 말이다. 드라이버 티샷이 페어웨이에 들어가지 않더라도, 세컨드샷이 그린에 올라가지 않더라도, 쇼트게임에 대한 자신감이 충만하다면 롱게임에 대한 실수는 크게 신경 쓰이지 않는다. 여기서 주목해야 할 주안점은 롱게임은 마치 쇼트게임에 들어서기 위한 수송책에 불과한 것으로 인식되면서 '살아만 있으면 된다'는 초월적인 긍정적 마인드가 생성된다는 점이다. 이는 평정심을 유지하기 위한 아주 중요한 부분이다.

얼핏 생각하면 '버디 찬스 기회가 줄어들지 않겠느냐?'라는 생각이 들 수도 있다. 하지만 자신감 있는 쇼트게임 능력은 파 세이브에 대한 믿음을 높이고, 이는 부담 없는 티샷, 편안한 마음의 세컨드샷을 가능케 한다. 결국 모든 샷을 더욱 똑바로, 더욱 정확하게 만들면서 더욱 많은 버디 찬스를 맞이하게 된다. '급할수록 돌아가라'는 말이 있듯이 뒤늦게야 이 사실을 깨달을 수 있다. 자신의 쇼트게임 능력에 대한 믿음은 마치 예비 병력으로 버티고 있는 든든한 후방 지원군과 같은 느낌인 것이다.

두 번째, 시합 중 심리적 손상은 롱게임의 결과보다 쇼트게임의 결과에서 더 큰 영향을 받는다. 이 말인즉슨 쇼트게임에서의 실수를 롱게임의 실수보다 더욱 큰 실수로 여길 수 있다는 것이다. 이로 인해 심리변화에 미치는 영향은 쇼트게임이 더 크다. 이러한 현상의 이유를 살펴보자면 롱게임은 약간의 실수가 있더라도 만회할 수 있는 여지가 충분히 남아 있지만 쇼트게임에서의 실수는 만회의 기회가 상대적으로 더 적다. 다시 말해 스코어에 직접적인 영향을 주는 것은 쇼트게임이라는 것이다. 가령 드라이버 티샷에서 실수를 했다 치자. 그래서 벙커, 러프 또는 트러블 상황에 빠졌다. 그러나 그 공이 죽지 않고 OB가 나지 않은 이상은 여전히 파 세이브를 할 수 있다. 이에 반해 파 세이브를 위한 어프로치 실수, 근거리에 붙이지 못한 벙커샷, 1m 이상의 퍼팅 거리만 남아도 파 세이브에 대한 위기감은 롱게임에서의 그것보다 더욱 크게 느낄 수 있다. 이러한 부담감에서 비롯된 실수라면, 그것이 스스로 용납하기 힘든 것이라면, 그것이 행여 어이없는 스코어 상실로 연결된다면, 선수는 결국 자제력을 잃고 말 것이다.

따라서 골프선수가 시합에서 성공하기 위해서는 롱게임보다는 쇼트게임에 더 많은 노력을 기울여야 한다. 쇼트게임의 능력이 스코어에 직접적인 영향을 준다는 가시적 문제가 큰 이유이기도 하지만 게임 전체에 영향을 미칠 수 있는 심리적 문제로 생각해본다면 쇼트게임 능력에서 비롯된 심리적 기능은 이루 말할 수 없이 큰 것이기 때문이다.

008

한국오픈을 동네게임으로

시합에 출전하는 선수가 처음으로 맞닥뜨리는 심리적 부담은 긴장감일 것이다. 이것은 시합이라는 경쟁상황을 자신에게 위협으로 간주하는 비합리적 신념 그리고 이 상황에서 회피할 수 없다는 왜곡된 의식에서 비롯된 일종의 스트레스라고 할 수 있다.

생각해보라. 친구들과 편하게 할 수 있는 연습라운드와 한국오픈처럼 같은 큰 시합에서의 라운드가 무엇이 다르겠는가? 다른 점을 살펴보자면 갤러리, 방송카메라, 상금, 동반자, 경쟁 그리고 이것으로부터 달라지는 나의 마음, 이뿐 아니겠는가? 이것들을 모두 걷어낼 수 있다면 남는 것은 오로지 잔디 위에 볼, 목표점 그리고 나의 본능, 이것이 내가 의식할 수 있는 전부가 되어야 한다. '오로지 볼만 쳐다보고 쳐라'라는 조언이 바로 이러한 의식에 대한 통제인 것이다.

보통의 일반 선수들은 시합의 규모가 커지면 커질수록, 중요도가 더 높은 시합일수록 그 긴장감이 커지게 마련이다. 이는 '더 잘해야겠다'는 스스로의 다짐과 주위의 높은 기대로 인해 더욱 증폭될 수 있다. 이럴수록 선수는 적절하게 자신의 각성수준을 유지하기 위한 나름의 방법이 있어야 한다. 나는 이와 같이 시합에 들어서는 선수들의 불안에 대해서 〈엘리트 골프선수들의 첫 홀 티샷 시의 불안원인과 대처방안〉이라는 주제로 연구를 진행한 바 있다. 전·현직 국가대표 총 21명을 대상으로 설문과 면담을 통해 그들의 불안원인을 살펴본 것이다. 첫 홀 티샷 시의 불안 경험 유무에 대한 설문에서는 95.2%의 응답자가 불안을 경험하였고, 그로 인한 실수 유발은 전체의 81%라는 높은 수치를 보였다. 이는 대부분의 선수들이 첫 홀에서의 긴장, 불안과 같은 부정적 심리상태에서 자유롭지 못하다는 것을 보여준 결과이다.

　선수들의 불안 원인으로는 크게 세 가지로 나타났는데 첫 번째로는 시합에 대한 높은 기대, 좋은 성적에 대한 기대, 몸이 안 풀린 첫 홀이라는 부담감, 출발을 잘 해야 된다는 생각 등 시합자체에 대한 부담감이 전체의 50.8%에 이르렀고, 두 번째는 샷에 대한 자신감이 없을 때, 시합 전에 공이 잘 안 맞을 때, 연습부족에 대한 걱정, 실수에 대한 기억 등 각종 부정적 심리상태가 31.7%에 이르렀다. 또한 마지막으로는 많은 갤러리, 주변의 시선, 코스 상태 등의 외부환경적 문제가 17.5%를 기록하였다. 다음은 선수들과의 인터뷰 내용을 그대로 옮긴 것이다. 선수들의 속마음을 들여다보자.

　국가대표 1 _ 경기가 시작되기 직전에는 시합을 잘해야 된다는 생각!

그런 부담이 있어요. 골프가 저에겐 직업이라는 생각 때문인 것 같아요. 그래서 부모님이나 주위사람들이 기대가 큰 것 같고요. 특히 부모님이 항상 '잘해야 된다. 잘해야 된다'라는 말을 자주 하시니까 심리적 부담이 저도 모르게 생기는 것 같아요.

국가대표 2 _ 잘 쳐야 한다는 생각을 많이 하면 정신적으로 좀 피곤해지죠. 머리 아프고, 스트레스를 받는 것 같아요. 어떻게 하면 잘 칠까? 몇 번 홀에서는 어떻게 칠까? 스윙을 어떻게 할까? 이런 거 저런 거 생각하면 한도 끝도 없는 것 같아요. 이렇게 생각이 많아지면 점점 불안이 높아지는 것 같고요.

국가대표 3 _ 첫 홀에서는 몸도 안 풀려 있고 샷감이 없기 때문에 항상 불안한 마음이 솔직히 들어요. 게다가 첫 홀이 시합의 시작인데 실수를 하면 그 스트레스가 게임 전체에 안 좋게 영향을 미치거든요. 그래서 되도록 첫 홀에서 실수를 안 하려고 해요.

국가대표 4 _ 1번 홀 티샷을 3번 우드로 하는 홀이 있어요. 시합 전에 연습장에서 3번 우드로 원하는 샷이 100% 안 나오면 시합에서 내가 원하는 샷이 나올 수 있을까? 하는 의구심 때문에 긴장감으로 연결되었던 것 같아요.

국가대표 5 _ 실수가 반복이 되면 그 실수를 안 하려고 하다가 나오는 실수가 있어요. 첫 홀에서 그런 실수를 하게 되면 그날은 심리적으로 많이 불안해져서 실수가 더 많이 나오는 것 같아요.

국가대표 6 _ 첫 홀에서는 갤러리가 많잖아요. 딴 사람들이 쳐다보고 있어서 더 잘 쳐야겠다는 생각이 들어요. 갤러리가 뭐라고 하는 것은 아닌데 '국가대표인데 어떻게 저렇게 치냐?' 하고 말을 할까봐 좀 신경이 쓰이는 것 같아요. 특히 한국오픈이나 매경오픈 같은 큰 시합에 나가면 더 심해져요.

이러한 인터뷰 내용은 만병의 근원 욕심, 기술 분석에서 비롯된 불안, 실수에 대한 두려움 그리고 평가에 대한 두려움 등 이 책에서 언급한 범주에 고스란히 있는 것이다. 골프선수가 성공적인 시합을 위해서 고려해야 할 중대한 사안임에 틀림없다.

따라서 중요한 시합에서 불안과 긴장이 더욱 커지는 선수라면 친구들과 편하게 라운드할 수 있는 동네게임이라고 생각해보자. 잘해야 될 필요도 없고, 걱정할 일도 없고, 경쟁할 필요 없고, 주위 시선에 전혀 신경 쓸 필요도 없는, 그렇게 모든 심리적 불안을 해소할 수 있는 심리상태를 만들어 보자는 것이다. 잔디 위에 볼, 타깃 그리고 나의 본능, 나머지는 모두 나의 마음속에 스쳐지나가는 신기루일 뿐이다.

009

게임에서의 단호한 마음

골프라는 게임은 순간순간 수많은 결단을 필요로 한다. 마치 선택의 게임이라고 해도 과언이 아니다. 바람, 지형, 라이, 날씨, 핀 위치, 컨디션 등을 고려하여 14개의 클럽을 적시적소에 선택해야만 한다. 또한 어떠한 기술을 사용할 것인지, 어떠한 공략을 선택할 것인지, 어떠한 마음가짐을 가질 것인지, 그 경우의 수를 따져보자면 헤아릴 수가 없다. 이렇게 게임은 항상 선택의 기로에 놓여 있고, 골퍼의 신속하고 정확한 판단이 수행의 성공여부를 결정한다. 그러나 모든 선수들이 항상 이렇게 신속하고 정확한 판단을 내릴 수 있는 것은 아니다. 그리고 결정했다 하여도 매번 단호한 마음을 유지하는 것도 쉬운 일이 아니다.

가령 거리목의 140m 선상에 있는 볼을 치는데 아이언 8번을 결정했다고 치자. 그러나 막상 핀을 보니 더 멀어 보일 수도 있고, 더 가까워 보일 수도 있다. 또한 오르막 내리막의 정도에 따라 혹은 순간순간 불어대는 바람에 따라 결정을 번복하게 만든다. 또한 캐디의 의견에 따라, 자신의 느낌에 따라, 단호한 마음은 점점 희미해질 수 있다. 결국 아이언 8번이 아닌 다른 아이언의 선택을 고민한다. 아이언 9번이나 7번을 선택했다 하더라도 마음은 편치 않다. 점점 시간의 압박을 느끼면서 마음은 갈피를 못 잡는다. 이렇게 흔들리는 마음속에 수행된 샷은 실수의 가능성을 더욱 높이고 만다. '9번은 짧고 7번은 길다.' 무의식에 있는 '나'는 양단간에 결정을 내릴 수 없는 딜레마에 빠지게된다.

이와 같은 갈등 상황은 클럽 선택뿐만 아니라 어드레스를 취한 후, 얼라이먼트(조준)의 문제에서도 겪을 수 있다. 모든 것이 준비되고 이제 곧 스윙을 시작해야 하는 찰나, 방향에 대한 의심이 드는 것이다. '어드레스를 빼고 다시 볼까? 말까?' 특히 퍼팅에서 많이 겪었을 수 있는 상황이다. 이뿐만 아니라 어프로치 방법, 벙커에서의 결단 그리고 각종 트러블 상황에서도 선수는 이러한 갈등에서 자유롭지 못하다.

그래서 이렇게 망설임의 순간일수록 되도록 단호한 마음이 필요하다. 설령 그 결단이 틀렸을지라도 감행해야 한다. 그리고 그것을 믿고 샷을 해야 한다. 이렇게 잘못된 결단이라도 그것이 꼭 필요한 이유가 있다. 결단을 감행하지 못한 샷은 틀린 결단보다 더욱 큰 사고를 칠 수 있기 때문이다. 이 말인즉슨 큰 사고를 치느니 차라리 틀린 결정이라도 단호한 결단으로 행한 샷이 훨씬 나을 수 있다는 이야기이다. 확실하지 못한 결단에서는 10cm 뒤땅, 생크, 탑핑, 개훅, 슬라이스 등 도

저히 용납할 수 없는 실수가 나오게 된다. 이렇게 어처구니없는 실수가 나오는 까닭은 애당초 집중이 될 수 없는 심리상태에 그 원인이 있다. 마음속으로 결정이 안 된 상태에서 샷을 하는 것은 나의 본능이 어느 한쪽에 서있지 않기 때문에 온전한 감의 발현이 이루어지지 않는 것이다. 앞서 집중은 어디서 나온다 하였는가? 바로 나의 본능이다. 망설임 가운데 수행되어지는 샷은 바로 'I-double C 시스템' 본능-집중-자신감에 이르는 시스템이 발동되지 않는다는 이야기이다.

매번 확실한 결단은 시행착오에 대한 긍정적인 효과도 있다. 그것은 수행에 대한 정확한 피드백을 받을 수 있다는 점이다. 자신의 기술수행, 클럽선택, 코스공략 그리고 마음가짐 등 하나의 결정된 사안에 대하여 성공여부 및 패턴을 자료화한다면 다음 샷, 혹은 실력향상을 위한 올바른 선택의 밑거름이 될 수 있다. 애매한 결정에서 비롯된 데이터는 그 근거가 불분명하므로 선수가 느끼는 시행착오에 대한 인식이 흐려질 수밖에 없다는 이야기다.

단호한 결단력은 스스로 모든 일을 해낼 수 있다는 믿음, 타인의 평가로부터 자유로운 마음에서 더욱 강하게 나올 수 있다. 이것은 앞서 강조한 자존감과 결코 분리될 수 없는 이야기이기도 하다. 단호한 마음을 갖지 못하는 것은 일시적인 문제가 아니다. 이 역시 선수의 습관적인 경향일 가능성이 높다. 다시 말해 '내 탓이려니.' 하고 넘어가지 않고 늘 '남 탓'만 하려드는 경우와 비슷한 상황이라 하겠다.

게임을 하면서 생기는 이러한 모든 문제는 주변 상황에 민감할 때

또는 소신 있는 플레이를 하지 못할 때 더욱 많이 발생한다. 이는 게임의 주도권이 스스로에게 있지 못한 결과이다. 이것은 마치 인생을 살아가면서 삶의 주권이 자신에게 있지 않고 타인의 기대 혹은 보편적 가치에만 매달리는 것과 같다. 따라서 자신의 모든 결정에 단호하게 대처하여 스스로가 자신의 게임을 주도하기를 바란다.

A

골프 입문에 신중하라

아이의 자존감이 우선이다

선무당이 사람 잡는다

아이의 선택을 존중하라

풍족한 환경은 자칫 해(害)가 될 수 있다

골프선수 이전에 인간을 만들어야 한다

골프만 칠 줄 아는 바보로 만들 것인가?

골프선수를 자녀로 둔
학부모님께 드리는 고언

001

골프 입문에 신중하라

한국 골프는 바야흐로 최고의 전성기를 누리고 있다. 남자골프의 최경주, 양용은, 배상문, 노승렬을 비롯하여 박세리, 유소연, 최나연, 신지애, 이보미, 이 에스더, 박인비 등 수많은 한국선수들이 세계무대에서 맹활약을 펼치고 있다. 특히 최근 김효주 선수의 LPGA투어 〈에비앙챔피언십〉 우승은 여전히 한국 골프가 정상에 있음을 증명해주었다. 또한 300만에 가까운 골프인구와 500여 개에 달하는 골프장은 한국 골프산업의 양적 규모가 최대치에 있음을 말해주고 있다. 이러한 추세는 대한민국에서의 골프가 더 이상 있는 자들의 전유물이 아닌 대중들의 생활 스포츠로 자리매김하는 데 큰 역할을 하고 있다.

이와 같은 골프의 저변 확대는 내 자녀에게 골프를 접하게 할 수 있는 기회를 더욱 많이 제공하면서 주니어 골프 선수들의 양적 증대를 가져오기도 했다. 이는 골프 선생의 입장에서 상당히 고무적인 일이 아닐 수 없다. 하지만 이에 따른 부작용이 존재하고, 간과할 수 없는 문제도 발생되곤 하는데 이것은 한국 골프의 문제점으로 지적되고 있다. 부모의 헌신적인 뒷바라지가 비난의 대상이 되고 골프 기계로 성장하는 우리 아이들의 삶이 도마 위에 오르내리곤 하는 것이다. 여기에는 한국 부모들의 높은 교육열이 한 몫 하고 있기도 하지만 골프선수 한 명을 키우기 위해 적지 않은 경제적 비용이 들어가는 말 못할 속사정이 있기도 하다.

돈은 돈대로 들어가지, 실력은 안 늘지, 속은 타들어 가지, 애 노는 꼴은 더 이상 못 봐주겠지, 아이에게 '더 열심히'를 강요하며 '정신 상태가 어쩌구저쩌구.' 아이의 자존감만 더 해치고 만다. 심지어는 선생 탓하기를 밥 먹듯 하면서 이리저리 옮겨 다니기 일쑤인 경우도 있다. 골프의 속성을 제대로 알 리 없는 부모들이 연습량(구력)이 아이의 골프 경기력과 비례하지 않는 현실을 좀처럼 받아들이기 어려운 것이다.

부모들은 아이의 일거수일투족 뒷바라지를 위해서 뜻하지 않는 고생길에 직면한다. 가장임에도 불구하고 생업 포기를 불사하고, 늘어나는 대출, 점점 기울어져 가는 가세를 두고 학부모들 사이에는 웃지 못할 말들이 오간다. '1년 안에 망하고 싶으면 도박을 하고, 3년에 망하고 싶으면 주식을 하고, 10년에 걸쳐 망하고 싶으면 아이에게 골프를 시켜라.' 급기야 가정의 운명을 아이의 성공에 기댈 수밖에 없는 처절한 상황에 직면하기도 한다. 그나마 간신히 프로무대에 들어서서 성공적인 선수생활을 한다면 다행이지만, 대다수의 선수들이 성공적이지 못한 참으로 안타까운 현실이다.

무엇이든 화려한 성공의 이면에는 가슴 아픈 자의 그늘이 있듯이 아이의 골프 입문에 신중을 기해야 한다. 취미로 시키는 것이야 별 문제가 안 되겠지만 선수로 만들기 위해서는 다가올 뒷일을 감당할 수 있을지, 면밀하게 검토해봐야 한다. 아이가 골프를 그토록 계속하고 싶어 하는데 뒷바라지가 안 된다면 어찌하겠는가? 그만두라고 할 수 있겠는가? 이는 레슨비를 제대로 받지 못하고 지도를 해야만 하는 일선 지도자의 몫으로 돌아오고 있다.

이왕지사 들어간 길이라면 부모들 역시 골프의 속성을 제대로 이해하기 위해 노력해야 한다. 그리고 성질대로 아이를 다그칠 게 아니라 시행착오 과정을 기다릴 수 있어야 한다. 최소 입문 후 5~6년은 기다릴 수 있어야 한다. 100타, 90타, 80타, 70타 그리고 언더파, 시간의 흐름에 따라 이렇게 꾸준한 실력향상을 기대하겠지만 오늘 언더파 치고 내일 90타 칠 수 있는 것이 골프임을 이해할 수 있어야 한다. 아이라고 잘 치고 싶은 마음이 없겠는가? 하지만 그렇게 맘대로 되지 않는 것이 골프다. 애꿎은 아이만 탓하지 말고 부모가 먼저 골프의 속성을 제대로 이해해야 한다.

002

아이의 자존감이 우선이다

자존감에 대해서는 이미 앞에서 입이 닳도록 강조했지만, 다시 한 번 상기시켜보자면 자존감은 '나'를 가치 있는 사람으로 평가할 수 있는 마음으로 '나'는 무엇이든 해낼 수 있다는 믿음을 샘솟게 한다. 이러한 심리상태에서 자신감 있는 삶, 긍정적인 삶, 자주적인 삶, 능동적인 삶, 나아가 행복한 삶을 가능케 한다. 성인의 모든 심리적, 정신과적 문제는 낮은 자존감에서 비롯된다고 해도 과언이 아니다.

훌륭한 선수가 되기 위해서는 좋은 스윙, 비거리, 퍼팅 실력, 어프로치 실력, 정확도, 일관성 등 다양한 기술적 요소를 갖춰야 한다. 그러나 이러한 요소들이 아무리 좋다 하여도 자존감이 낮다면 온전한 실력발휘를 할 수 없다. 왜냐하면 일단 경쟁에 들어서면 스스로 자신의 우세를 점치는 것에 망설일 수밖에 없기 때문이다. 승리에 대한 믿음, 잘할 것이라는 믿음, 누구에게도 주눅 들지 않는 마음이 바로 자존감에서 비롯되기 때문이다.

따라서 진정 자녀의 행복을 바라고 온전한 실력 발휘를 바라는 부모라면 아이의 자존감 수준을 민감하게 관찰하여야 한다. 아이를 다그치고 질책하여 하기 싫은 공부에 매달리게 하는 것은 진짜 공부를 할 수 없게 만드는 길이다. 운동도 마찬가지이다. 운동에 매달리게 하고 오로지 성적만 강요하는 것은 단지 부모의 만족을 위한 일일 뿐, 결코 아이의 행복을 위한 일이 아니다. 도대체 알 수 없는 성적, 뒷걸음질 치는 성적, 발전 없는 성적이 지속된다면 그것은 공부량, 연습량이 아닌 바로 마음의 문제에서 살펴봐야 한다.

아이의 자존감을 향상시키기 위해서는 부모도 공부하는 것을 마다하지 않아야 한다. 인터넷만 뒤져봐도 자존감 향상의 대한 이야기는 얼마든지 찾아볼 수 있다. 낮은 자존감으로는 무슨 일을 하든 실패할 수 있는 가능성이 현저히 높아진다. 이러한 사실을 상기하고 다음의 몇 가지 사항에 주의하길 바란다. 아이의 감정을 억압시키지 않는다. 아이의 의사표현을 존중한다. 다른 아이와 비교하지 않는다. 골프를 즐길 수 있도록 한다. 성적으로 다그치지 않는다. 아이의 선택과 결정을 존중한다. 지적은 피하고 칭찬과 격려를 더 많이 한다. 등등.

자존감이 높은 아이는 늘 자신감에 차있고 늘 성공에 대한 믿음으로 생활한다. 골프가 그 생활 안에 있다면 아이는 골프선수로서 자신의 성공을 믿어 의심치 않을 것이다. 또한 올바른 가치관 형성과 정체성 확립, 무엇보다도 자기주도적인 골프, 즐길 수 있는 골프를 하며 행복을 찾는 일에 망설임이 없을 것이다.

전문성이 필요한 부분은 전문가에게 맡겨야 한다. 일단 지도자에게 아이를 맡겼으면 부모는 한발 물러나 기다려야 한다. 지도자를 자꾸 채근하면 좋은 교육을 할 수가 없다. 물론 지도자의 자격이나 지도력의 검증이 있어야 하겠지만, 이런 문제가 아니라면 지도자를 믿고 따라야 한다. 부모가 해야 할 일은 오로지 아이를 응원하는 것, 그뿐이어야 한다.

003

선무당이 사람 잡는다

어느 부모가 아이의 성공의 바라지 않겠는가? 그러나 바라는 방법에 있어서 아이를 망칠 수도 있고 흥할 수도 있음을 기억하라. 교육이라는 것은 스스로의 경험에서 체득할 수 있도록 기회를 주는 것이 참교육이다. 지시에 의해서, 주입에 의해서, 강요에 의해서 아이를 교육시키고 싶다면 차라리 개를 한 마리 훈련시켜라.

누가 누구를 감히 교육한다는 것은 참으로 조심스러운 일이 아닐 수 없다. 미완성의 인간이 또 다른 미숙한 인간을 가르친다는 것은 신의 입장에서 꼴값을 떠는 것이다. 이것은 부모 자식 간일지라도 예외는 아니다. 부모 자신들의 자식교육이 모두 잘된 교육이라고 생각한다면 이 세상에 나쁜 사람이 존재하지 않는 것이 마땅하지 않는가? 모두 성공해야 하지 않겠는가? 부모 자신의 학교생활과 가정교육을 돌이켜 생각해보라. 자신들도 역시 강요, 주입, 지시, 질타에 의한 그러한 교육을 받아왔다면 그것이 대물림되어 내 자식에게도 그러한 악행을 자행하지는 않은지 생각해 볼 일이다.

아이에 대한 관심, 당연한 이야기이다. 어느 누가 내 자식에게 관심을 안 갖겠는가? 그러나 부모의 관심이 참교육이 되지 못한다면 그것은 관심이 아니고 아이를 망치는 길임을 자각해야 한다. 특히 골프의 기술적인 문제에 깊게 관여하는 부모들이 있다. 답답한 나머지 조금 아는 골프 지식으로 선생 노릇을 하려는 것이다. '선무당이 사람 잡는다'라는 말이 제격이다. 여기에 대해서 정확한 사실을 알고 싶다면 앞서 쥐가 쥐약을 왜 먹는지, 왜 먹고 죽는지, 다시 한 번 살펴보기 바란다. 사랑이 충만한 자식교육이 이렇게 쥐약을 들이미는 꼴이 된다면 이보다 더 안타까운 일이 없지 않겠는가?

004

아이의 선택을 존중하라

아이의 선택, 아이의 결정을 존중해주는 것은 아이의 자존감을 위해 중요한 일이기도 하지만, 부모의 지나친 관심에서 한 발 물러서는 것이기도 하다. 골프는 선택의 게임이다. 얼마나 적절한 선택을 잘 하느냐가 게임의 승패를 가른다고 해도 과언이 아니다. 매 순간 선택의 기로에서 딱 떨어지는 공식이란 존재할 수 없다. 이러한 공식을 가르치려 한다면 이게 바로 지시적이며 주입식인 것이다.

적절한 선택이란 변화무쌍한 잔디 위 상황에서 최적의 샷을 위한 적응이다. 그 적응의 과정에는 주어진 조건에 대한 분석 그리고 그 결과에 대한 확고한 믿음으로써 이루어진다. 이러한 일련의 과정은 매 순간 신속함을 요구한다. 그 신속함은 선수의 직관과 감으로써 발현되어져야 한다. 이것 또한 획일적이며 정형화된 적용을 요구하지 않으며 그 상황에 맞는 융통성을 필요로 한다.

이와 같이 순간판단능력의 적절성은 결코 단시간 교육으로 이루어

골프, 마음의 게임

질 수 있는 사안이 아니다. 생활 속에 묻어난 일종의 사고 프레임으로서 가능하다. 현상에 대해 왜곡되지 않는 인식과 더불어 효율성을 전제로 하는 정신적 활동에 바로 그러한 프레임이 작용한다고 볼 수 있다. 어린이가 나이에 걸맞지 않는 언행을 했을 때 우리는 '거 참 똑똑한 아이네'라고 칭찬해주기도 한다. 이런 아이들이 사고 프레임이 잘 형성된 아이라고 볼 수 있다. 또한 '운동도 머리가 나쁘면 못한다'는 말 역시 여기에서 비롯된 이야기라 할 수 있다. 이 같은 정신적 능력은 결코 골프에만 국한된 이야기는 아니다. 골프를 인생과 비교할 수 있는 이유 중 하나가 바로 여기에 있다.

　게임 안에서의 선택도 중요하지만 게임 밖 훈련 스케줄, 훈련량 등을 결정하는 일에도 아이의 선택은 중요하다. 부모의 결정과 지시에 의한 훈련은 의무적이고 불필요한 연습이 될 게 뻔하다. 이는 골프의 흥미를 감소시키며 애당초 골프를 즐길 수 있는 기초 환경을 제공해주지 못한다. 무엇보다도 자신의 선택에 대한 책임, 그 기회를 박탈한다는 점에서 시행착오의 참 의미를 다시금 되새겨 볼 필요가 있다. 반면 아이의 결정을 존중해주는 언행이 생활화된 부모는 시행착오를 겪고 있는 아이와 대화할 수 있는 기회를 더욱 많이 가질 수 있다. 뿐만 아니라 이러한 과정을 통해 아이의 자주적이고 자발적인 연습태도를 만들어 갈 수 있다.

　이러한 관점에서 늘 함께 생활하고 교육과 학습이라는 관계적 측면에 있는 부모의 역할은 더할 나위 없이 중요하다. 무엇보다도 중요한 일은 아이의 선택을 존중하고 그 선택에 대한 피드백을 스스로 가질 수 있도록 기다려줘야 한다는 점이다. 아이 자신의 행동에는 항상 책임이 따른다는 사실을 스스로 느끼게 해주어야 한다. 이는 골프를 함에 있어서, 게임 안에 있어서, 더 나아가 아이의 지속된 삶에서도 매우 중요한 시행착오 과정이다. 골프나 인생이나 그러한 시행착오 없이는 성장을 기대할 수 없기 때문에 이보다 더 소중한 경험은 없을 것이다. 기억하라. 이것은 누구도 대신할 수 없는, 오로지 아이 스스로의 몫이라는 점을 말이다. 이것이 어찌 단시간의 교육을 통해 이루어질 수 있겠는가? 또한 그렇게 주입과 질타로써 가능한 일이라고 생각하는가?

골프 경기는 일단 게임이 시작되면 게임 안에서의 모든 결단은 선수 스스로가 내려야 한다. 게임에 들어선 아이는 던져진 주사위와 같아 결코 부모의 도움을 받을 수 없는 상황이 된다. 이러한 상황에 부모의 선택에 익숙한 아이는 자신의 선택을 망설일 수밖에 없고 결단을 한다 해도 그 결단에 대해 단호하지 못한 태도를 보이기 쉽다. '무엇이든 해낼 수 있다는 스스로의 믿음'을 가질 수 없는 것이 바로 이러한 태도에 기인한다.

따라서 골프든 어디에서든 선택에 대한 책임, 그것은 오로지 자신의 몫임을 인지시켜줘야 한다. 그것을 스스로 감당하려는 생활태도를 키워주는 것이 부모의 참된 역할이다. 부모가 죽고 없어지면 아이는 오로지 홀로 세상을 헤쳐 나가야 할 독립체이고 생활인일 텐데, 언제까지 아이 스스로의 몫을 부모가 해결해 줄 것인가 말이다. 생각해보

라. 전쟁과도 같다 하는 세상사, 피 튀기는 사회생활 그리고 치열한 골
프시합, 매한가지 홀로서기를 해야 하는 일이 아닌가?

　'실패는 성공의 어머니다'라는 말도 있듯이 자신의 선택에 존중받
고 그로 인한 실패의 경험, 그리고 실패에 따른 비용을 스스로 감당할
때 아이는 정신적으로 성장한다. 이런 과정이 어른을 만드는 것이다.
실패에 따른 비용을 아직도 부모 자신이 감당하지는 않는지, 이대로
계속 내 아이를 바보로 만들지 않길 바랄 뿐이다.

005

풍족한 환경은
자칫 해(害)가 될 수 있다

아이에게 운동 혹은 공부를 시키면서 더 좋은 환경, 더 좋은 조건을 주고자 하는 부모의 마음은 자식사랑에서 비롯된 대한민국 모든 부모들의 열망이다. 부족했던 지난날의 학습 환경을 결코 내 자식에게는 대물림하지 않겠다는 부모의 결연한 의지, 좋은 환경을 제공해주는 것이 아이의 성공확률을 높일 것만 같은 기대. 그러나 이와 같은 부모의 헌신적인 사랑은 결코 아이의 성공과는 비례하지 않는다는 사실, 아가페적 사랑에 믿지 못할 이면이 있다는 사실에는 좀처럼 동의하고 싶지 않을 것이다. 풍족한 환경은 운동을 좀 더 편리하게 할 수 있을지는 모르지만 아이의 정신적 측면에서는 결코 이롭지 않게 작용할 수 있다. 이것은 골프가 멘탈 게임이라는 점에서 결단코 간과할 수 없는 문제이다.

무술을 배우기 위해 소림사에 들어간 사람들이 처음부터 무술을 배울 수 있는 것은 아니다. 밥 짓고, 빨래하고, 청소하고, 물 긷는 일에만 몇 년, 여기에 마음의 수련이 있다는 사실을 까마득히 알지 못한 채 불평불만을 일삼고 결국 포기하는 제자들이 나온다. 이것은 무술의 기본과정에 들어가기 전, 정신 수련을 위한 묘책이기도 하지만 무술을 전수해줘도 될 인물인지 아닌지 사전테스트를 해보려는 선승의 깊은 뜻이 담겨 있는지도 모른다. 칼을 다뤄야 하는 일식요리의 수련과정도 마찬가지이다. 제자를 키움에 있어 결코 칼부터 쥐어주지 않는다. 소림사에서와 마찬가지로 청소, 설거지, 재료준비와 다듬기와 같은 허드렛일부터 시킨다. 그러면서 스승은 제자의 인내하는 모습에서 사람됨을 살핀다. 허드렛일조차 못 견뎌 하는데 배움에서 오는 시련을 어찌 이겨낼 수 있을 것인가? 스승의 깊은 뜻이 있는 사전점검인 것이다.

이렇게 허구한 날 허드렛일 과정에 있는 피교육자는 자신의 의지와 상관없이 특별한 경험을 하게 된다. 그것은 태어나 한 번도 겪어보지 못한 처절한 심정, 심리적 바닥을 경험하는 것이다. '내가 이 짓을 꼭 해야만 하는 것인가? 언제까지 이 짓을 해야 하는가?' 지금 이 순간에도 스스로가 할 수 있는 일이라곤 청소 하나라는 사실에 깊은 자괴감에 빠지고 만다. 여기에 자신을 표현하던 수단이 되었던 부와 명예와 학력 따위는 아무런 소용이 없다. 마지막 한 잎의 자존심마저 땅에 떨어질 때 비로소 자신을 둘러싸고 있던 껍데기를 확인하게 된다. 불필요한 욕심과 허영 그리고 왜곡된 인식이 자신을 둘러싸고 있었다는 사실에 창피해한다.

그리하여 참 모습의 '나'를 발견하게 되면 '나'라는 존재가 이 우주 안에 하등의 보잘 것 없는 미물에 지나지 않음을 깨닫는다. 이는 결코 가치 없는 존재로서 '나'를 인식하는 것이 아니고 '있는 그대로의 나', '꾸밈없는 자연인으로서의 나'와 마주하는 일이다. 즉 자기성찰의 기회를 갖는 것이라 할 수 있다. 이러한 과정을 통해 세상을 옳게 바라보지 못하게 했던 색안경을 벗어던질 수 있게 되고 '있는 그대로의 세상'을 통찰할 수 있게 된다. 이제 비로소 허구한 날 했던 청소에도 道가 있음을 느낀다.

여기까지 잘 따라와 준 제자라면 어느 정도의 마음 수련이 됐을 것이고, 그제야 스승의 부름을 받을 수 있게 된다. 그리고 배움을 통해 '청소의 道'가 '무술에서의 道', '회칼의 道'와 일맥상통함을 느낀다. 세상의 이치, 자연의 흐름을 어렴풋이 관조할 수 있게 되는 것이다. 무슨 일을 하든 성공을 위해서는 '밑바닥부터 시작해야 한다'는 말이 있다. 이것이 바로 변하지 않는 세상의 진리를 몸소 체험하기 위한 가장 효율적인 방법이고 현상에 대한 왜곡된 인식을 바로잡기 위한 우리 어른들의 지혜에서 비롯된 충고이다.

이렇게 다져진 사고의 프레임은 배움의 기회가 얼마나 소중한지를 느끼게 해준다. 또한 '있는 그대로의 나'에게 주어지는 모든 환경과 조건에 감사한다. 소중하고 감사한 만큼 배움에 대한 태도가 사뭇 진지해지고 나아가 삶의 태도에도 영향을 미친다. 어떠한 어려운 일이 있더라도 인내하고, 도전하며, 실패와 좌절에도 굴하지 않는 힘이 생성된다. 한 마디로 강한 정신력의 소유자가 되는 것이다.

성공한 사람들의 밑바닥 경험은 이 시대에 한국을 빛낸 골프선수들에게도 예외는 아니다. 그들은 결코 풍족한 환경에서 크지 않았다. 이것은 결코 그들만의 우연한 결과가 아니다. 다시 돌아가 생각해보자. 골프선수로서 성공을 꿈꾸는 내 새끼, 그리고 부족함을 느끼지 못하는 운동 환경, 아직도 이 등식에 미련이 있는가? 지혜를 발휘해야 한다. 회초리를 집어든 부모의 심정이 어찌 안타깝지 않겠는가? 무조건적으로 퍼주는 교육이 자식사랑을 실천하는 현명한 방법이 될 수 없다는 사실을 기억하라. 골프라는 운동을 통해 세상의 모든 면을 엿볼 수 있는 것은 아니지만, 내 새끼에게 있는 그대로의 세상을 보여주는 것, 그것을 통찰할 수 있도록 하는 것이 부모의 참교육이 아니던가?

006

골프선수 이전에
인간을 만들어야 한다

인간으로서 되먹지 못해 손가락질 받는다면 골프선수로서 성공한다 한들 무슨 의미가 있겠는가? 성공이 중요하다 하여 자식 잘되는 것을 최고의 가치로 삼는 부모라면 그것이 진정 제 새끼를 위한 일이 아닐 수 있음에 주목해야 한다. 자칫 변질될 수 있는 그러한 자식 이기주의적 가치관은 대다수의 사람들이 공유하는 보편적 가치에 반할 수 있는 여지가 있기 때문이다.

골프선수를 자녀로 둔 학부모는 매니저 아닌 매니저 역할을 수행하게 된다. 협회와의 접촉, 훈련 스케줄의 조정, 훈련환경의 선택, 골프 선생과의 계약, 스폰서 계약, 중·고·대학의 입시 등등 각종 이해 타산적 상황에 직면해, 부모는 자식을 위해서라는 대의명분으로 좀 더 좋은 조건, 좀 더 이득을 취하고자 하는 치밀한 계산을 하게 된다. 그런데 여기에는 항상 '이득이냐?', '신의(信義)냐?' 하는 이율배반적 가치관의 문제가 따르게 마련인데, 실리를 따지자니 신의를 저버려야 하고, 신의를 지키자니 실리를 놓쳐야 하는 양단간의 결정 앞에 놓이게 된다. 이는 '내가 잘되는 게 우선이다.' 혹은 '인간관계에서는 신의가 우선이다'라는 선택의 기로에 마주하는 딜레마이기도 하다. 하지만 인간사, 신의를 위해 자신의 이득을 포기하는 것이 인지상정의 덕목이라는 점에서 자식 이기주의 가치관이 보편적 가치관에서 더욱 따돌림 받을 수밖에 없다.

특히 바로 눈앞의 이득을 뿌리치지 못하는 습관적 행태는 손톱만큼의 손해를 보지 않으려는 극단적 이기주의로 발전한다. 상대방의 입장은 눈곱만큼도 고려하지 않고 신의라는 가치는 온데간데없이 오로지 자신의 이득을 취하는 태도로 일관하는 것이다. 이러한 태도에 직면한 우리는 보편적 가치의 한계를 설정하면서 '양아치'라는 단어와 '싸가지'라는 단어를 상기하게 된다. 기대했던 신의가 물거품이 된다면 '당했다', '뒤통수 맞았다'라는 피해의식이 들기도 한다.

제 새끼 인간을 만들어야 하는 교육에 있어 주목해야 할 중요한 문제가 바로 여기에 있다. 부모의 이러한 악질적 사고는 고스란히 제 새끼에게 대물림되면서 부모의 스스럼없는 일상적 행태가 아이에게는 늘 그러한 생활 속에 가치관으로 자리 잡게 된다. 무지에서 비롯된 최악의 교육이 자행되면서 현상에 대한 왜곡된 인식이 시작되는 것이다. 이렇게 해서 경기력이 좋다 한들 무엇하겠는가? 싸가지 없이 골프를 잘 치는 사람보다 골프는 좀 더 못 치더라도 싸가지 있는 사람에게 더 정을 주고 싶은 것이 우리네 보통의 정서가 아닌가? 결국 이렇게 싸가지 없는 사람으로 낙인찍힌다면 부모고 아이고 점점 설 자리를 잃어갈 것이다. 이는 그 아이를 가르쳤던 선생 역시 싸잡아 욕을 들어먹을 수도 있는 일이다. 나에게 이런 싸가지가 온다면 결단코 가르침을 사양할 것이다.

이러한 가치관의 혼란을 바로잡기 위해서는 부모가 먼저 자기성찰이 되어야 하겠지만 그것은 쉽지 않은 일일 것이다. 하지만 부모라면 아이의 사람됨을 먼저 생각하는 교육이 필요하다. 그것은 단연코 골프를 잘 치는 일보다 우선되어야 할 것이다. 골프를 가르치는 선생 또한 아이의 인성교육에 소홀함이 없어야 한다. 골프를 가르치는 제자들을 단순히 돈벌이의 수단으로만 생각한다면 이 역시 보편적 가치에 반하는 일로서 사회적 지탄의 대상이 되기 때문이다. 부디 내 새끼를 양아치, 싸가지로 성장시키는 일이 없도록 바라는 바이다.

007

골프만 칠 줄 아는
바보로 만들 것인가?

한국의 골프교육은 그 행태를 들여다보면 가히 기형적인 구조라 하지 않을 수 없다. 대다수의 운동선수가 그러하듯이 골프선수들 역시 학교교육과는 담을 쌓고 있으며 공부에 대한 관심은 멀어진지 오래다. 정부방침이 공부하는 운동선수를 표방한다 하지만 현실과의 괴리감은 좁혀질 기미가 보이질 않는다. 오로지 좋은 골프성적만이 내일의 숙제이며 골프 잘 치는 것이 인생 목표가 되어버렸다. 과연 이것이 아이들의 미래와 행복을 위해 잘하고 있는 일이라 할 수 있는가?

교육의 사각지대에 놓여 있는 골프선수들은 인성교육 및 교양, 기초학습에서 저만치 뒤처질 수밖에 없다. 심지어는 고등학교를 졸업하고도 자신의 이름 석 자를 영어로 쓰지 못하는 경우가 허다하고, 자기소개서 한 장 제대로 쓰지 못하는 학생들이 부지기수다. 물론 골프선수로 성공한다면 다행이겠지만 어디 그것이 쉬운 일인가? 골프선수로 성공할 수 있는 확률은 전체 선수 중 1%에도 미치지 못한다.

이렇게 지지부진하게 선수생활을 마치고 나면 그들은 하나같이 레슨 시장으로 내몰리고 만다. 사실, 레슨 이외에는 할 것이 없다. 골프 선수를 자녀로 둔 부모들은 "레슨이나 하려고 골프 시키는 것이 아니다"라고 입버릇처럼 말하지만 그것은 아직도 버리지 못한 미련과 마지막 남은 자존심일 뿐이다. 이제 한국의 골프레슨 시장은 레슨 수요에 비해 지도자 과잉공급 현상으로 나타나고 있다. 너도나도 '이제는 레슨으로 먹고살기 힘들다'는 말을 입버릇처럼 달고 다닌다. 물론 레슨이라는 일을 비하하고자 하는 말은 아니다. 훌륭한 지도자로 거듭난다면 일어나서 박수쳐줄 일이지만 이 바닥 역시 살아남기가 만만치 않음을 이야기하려는 것이다.

아마추어선수들은 프로가 되지 못해 골프를 떠나기도 하지만 프로가 된다 하여도 투어에 진출하지 못한다면 별 볼일이 없다. 또한 투어에 진출한다 하여도 시합에서 두각을 내지 못한다면 역시 마찬가지이다. 바늘구멍 같은 프로세계에서 살아남지 못하는 선수들이 생활을 하기 위해 선택할 수 있는 일이라고는 오직 레슨밖에 없다. 허나 골프에 관련된 일은 레슨만 있는 것이 아니다. 골프마케팅, 행정관리, 영업관리, 골프장관리, 코스관리, 코스디자인, 클럽관리, 고객관리, 선수에이전트, 전문캐디, 골프트레이너, 골프심리상담, 골프교수, 학교선생님 등 골프선수가 선택할 수 있는 진로는 실로 다양하게 있다. 하지만 그들은 오로지 골프 연습장만을 전전하려고 한다. 그 이유는 무엇인가? 할 줄 아는 것이라고는 오직 골프 하나뿐이기 때문이다. 사회에서 기본적으로 요구하는 기초학습이 이루어지지 않았기 때문에 다른 일을 엄두도 못내는 것이다. 골프만 잘 치는 바보가 따로 없다.

그대의 자녀를 이렇게 골프만 치는 바보로 만들 것인가? 이제는 죽어라 운동만 시키는 시대는 지났다. 선진국은 어찌하여 공부하는 운동선수를 그토록 만들려고 하겠는가? 진로 이전에 온전한 사회구성원으로서 그 역할을 할 수 있도록 하며, 학생으로서의 기본적인 소임을 다하도록 기회를 주는 것이다. 이것은 학생들의 행복한 미래를 위해 진정으로 애쓰고자 하는 그들의 선견지명이다.

이제는 한국의 골프교육도 변해야 한다. 학생들에게 골프만 강요하지 말고 학업도 병행할 수 있도록 어른들의 혜안이 필요한 시점이다. 하다못해 글쓰기, 기초영어, 문서작성(컴퓨터) 등 사회생활에 필요한 최소한의 학습 기회를 주어야 한다. 골프는 특히 하루 종일 연습장에 매달려 있지 않아도 우승할 수 있는 경기력을 얼마든지 키워낼 수 있다. 공부는 또한 골프선수의 이성적 판단력과 응용력 그리고 돌발 상황에 기민하게 대처할 수 있는 임기응변을 키워줌으로써 경기력에 큰 도움을 준다.

골프만 잘 치는 바보! 선배 프로들의 회한 섞인 한숨소리가 훗날 자신의 처지로 다가올지도 모른다. 연습장만 전전해야 하는 자신의 처량한 신세에 언젠가 내 부모를 원망할지도 모른다. 부디 도박 같은 골프판에 놀아나지 말고 내 자녀를 위해 현명한 선택을 고민하기 바란다.

에필로그

    펜을 들은 지 6개월여, 어느덧 책 한 권을 마무리 짓는다. 하루하루가 어떻게 지나가는지, 숨 돌릴 틈 없이 바쁜 일상이지만 새벽 5시가 되면 어김없이 눈이 떠진다. 이렇게 새벽녘 책상머리에 앉아 있노라면 스르르 잠이 오기 마련일 텐데, 어쩐 일인지 두 눈이 말똥거린다. 어른들이 들으면 웃기는 이야기겠지만 이제 마흔이 되어 나이를 먹은 것인가? 내가 새벽에 일어나 글을 쓰고 공부한다는 사실을 우리 부모님이 아신다면 아마도 서쪽에서 해가 뜬다고 할 것이다. 진작 이렇게 공부를 했으면 서울대에 판검사도 모자랐다고 하실 것이 분명하다.

    변화된 나의 일상을 관조해보자면 요사이 삶이 즐겁게 느껴진다. 누가 들으면 엄청 돈 잘 벌고 잘나가는 줄 착각할지도 모른다. '삶이 왜 이렇게 즐거운가?' 나의 마음에 대한 통찰을 해보자면 두 가지 정도로 집약되는 것 같다. 하나는 내가 하고 싶은 일을 누구의 눈치도 보지 않고 할 수 있다는 사실! 그리고 그 하고 싶은 일이 충분한 밥벌이가 될 수 있다는 믿음! 하하, 뭣이 더 필요하겠는가? 이것으로 나의 화목한 가정이 계속 꾸려나가진다면 더 이상 바랄게 없다는 것이 솔직한 심정이다. 오늘도 이렇게 희망에 찬 새벽을 맞이하면서 한 줄 한 줄 글을 써 나간다. 밝아오는 여명은 오늘 하루도 행복하소서! 만천하의 기쁨을 알리는 광명(光明)과도 같다.

골프를 가르치는 일이 새삼 즐겁게 느껴진다.

왜곡된 골프 티칭문화 덕분에 사람들은 본질을 찾지 못하고 허우적거리며 골프선생조차도 돌팔이가 난무하니 난세(亂世)가 따로 없는 골프세상이다. 혹자는 한국 골프의 시대적 상황을 바라보며 티칭시장도 이제는 사향업종이라 하지마는 나에게는 아직도 블루오션이다. 참으로 기막힌 패러독스(paradox)는 과학은 앞으로도 계속 발전할 것이고 이에 따라 티칭장비 또한 발달할 것이 분명할 터인데 그럴수록 골프는 더욱 미궁에 빠진다는 점이다. 문명이 발전할수록 우리의 삶은 어떻게 변천하였는가? 아마존의 깊숙한 정글 속 원주민이 문명의 도시인보다 행복지수가 높다는 사실은 결코 골프와 무관한 이야기가 아니다. 더 편리한 삶, 더 과학적인 티칭장비는 불필요한 가치 창출과 더불어 진실을 왜곡시키기에 충분한 가림막이 되기 때문이다.

나에게 골프티칭 시장이 블루오션이 될 수 있는 또 하나의 이유는 골프가 멘탈 게임임에도 불구하고 마음의 문제, 생각의 문제를 좀처럼 살피지 않으려는 골퍼의 성향에 있다. 여기에는 취미로 하든 선수로 하든 그 구분은 없다. 이것은 마치 행복의 기준을 단순히 부와 명예로만 생각하는 무지한 중생의 소식과도 같다. 골프가 어렵게 느껴지는 이유가 바로 멘탈 게임으로서의 골프를 이해하지 못하고 오로지 기술에만 매달리려 하기 때문이다. 밥만 먹고 공만 쳐대는 선수들도 그러하니 취미로 즐기는 아마추어 골퍼는 오죽하겠느냐 말이다.

늘 그렇듯이 진실은 보이지 않는 곳에 있다. 날마다 쏟아지는 각종 미디어 정보, 인터넷 정보. 그야말로 우리는 정보의 홍수 속에 살고 있다. 어디서부터 어디까지가 진실인지 알 길이 없는, 우리의 눈과 귀는 그렇게 현혹되어지고 그렇게 흘려진다. 속임수일지도 모른다는 경계 속에 알면서도 속고 속는 현실이 우리의 삶인 것이다. 진실을 제대로 알고자 한다면 진실은 결코 보이는 곳에 있지 않고, 결코 들리는 곳에 있지 않음을 통찰해야 한다. 이 책은 골프서적에서 흔하디 흔한 사진 한 장 삽입하지 않았다. 절대 보이는 것으로 눈을 현혹시키고 싶지 않은 나의 숨은 의지이다. 어디 생각과 마음이라는 것이 눈에 보이는 그러한 것이던가?

내가 골프를 가르치는 일이 새삼 즐거운 이유가 여기에 있다. 진실과 본질을 찾지 못하고 허우적대는 사람들이 여기저기 널려있고 오늘도 무수한 사람들이 거짓의 함정에 빠져 골프에 스트레스를 받고 있다. 한 사람 한 사람 구제해주는 맛이 쏠쏠하다. 나에게 이러한 일 자체가 즐겁기도 하지만 내가 골프선생으로서 보람을 느끼는 순간은 나에게 골프를 배우는 사람들의 표정에 있다. 골프라는 것이 자신이 쉽게 할 수 있는 일이라는 사실, 이 사실을 깨닫는 순간 피교육자는 행복감을 느끼며 자신감에 충만한 표정을 짓는다. 하나같이 강렬한 눈빛으로 날 바라보며 '이게 그것인가?' 하는 무언의 되물음에 나는 재빠르게 고개를 끄덕끄덕거려준다. 나 역시 기쁨을 만끽하는 순간이 바로 이순간이다. 누군가에게 행복감을 선사해줄 수 있는 일, 희망을 줄 수 있는 일, 이 얼마나 소중하고 가치 있는 일인가? 내가 골프선생인 것이 다행스럽게 여겨지는 순간이면서 골프티칭을 즐길 수 있는 이유가 바로 여기에 있는 것 같다.

이렇게 골프에서의 희로애락은 비단 아마추어 골퍼에 국한된 이야기는 아니다. 골프가 인생의 전부라고 여겨지는 선수들에게는 골프에서 비롯된 아픔은 실로 말로 표현할 수 없을 정도로 크다. 화려한 우승 세레모니 뒤에는 축 늘어진 어깨로 말없이 시합장을 떠나는 선수들이 대부분이다. 다음을 기약하겠지만 맘대로 되지 않는 골프에 오늘도 가슴앓이를 하고 있는 것이다. 참으로 안타까운 일은 무엇이 그토록 가슴앓이를 하게 만드는지, 선수 자신도 모른다는 것이다.

골프는 참으로 비정한 스포츠이다. 투자한 만큼 만족이 되지 않고 때로는 노력한 만큼 결과가 나오지도 않기 때문이다. 운동선수라면 죽을 똥 싸서 훈련을 하고 그에 따른 보상을 기대하기 마련인데 골프는 그러한 기대에 자상하게 응해주지 않는다. 그 기대가 꺾이고 또 꺾일 때 선수의 마음은 만신창이가 되고 결국 선수생활을 포기하고 만다. 더 중요한 마음의 문제는 이렇게 포기하는 순간, 평생의 한이 되고 오랫동안 마음의 상처로 피 흘리게 된다는 점이다.

취미든 선수든, 마지막 낭떠러지 앞에 놓인 그대라면, 부디 이 책이 암흑 속 한 줄기 빛이 되었으면 하는 바람이다.

이 책이 나오기까지는 많은 사람들의 도움이 있었다. 나에게 소중한 경험을 제공해준 한국체대 나의 학생들, 나를 믿고 따라준 골프제자들, 언제나 배려와 관심으로 챙겨주시는 서서울컨트리클럽에 정승환 사장님, 김성태 상무님, 남정태 상무님, 골프장 관계자 여러분들, 아낌없는 조언으로 힘을 주신 한국체대 조욱상 교수님, 박영민 교수님, 이미리 교수님, 스포츠심리학 김병현 박사님 그리고 늘 믿음으로 지지해주시는 서경대학교 김범준 부총장님, 예술종합평생교육원(서경대학교) 하수호 원장님, 책 출간에 협조해주신 예문당의 임용훈 대표님과 출판사 관계자 분들, 그리고 퇴고를 도와준 친구 김연수 프로, 최용승 프로, 김한별 박사, 모두에게 감사의 뜻을 전하고 싶다. 골프심리에 많은 영감을 준 미국의 스포츠심리학자 밥 로텔라 박사에게도 지면을 통해 감사의 말을 전한다. 끝으로 사랑하는 나의 아내 주희와 아들 태건, 딸 민서에게도 고마움을 함께 전하고 싶다.

이종철